你一定爱读的极简日本史

孙秀玲 著

北京联合出版公司
Beijing United Publishing Co., Ltd.

只 为 优 质 阅 读

好
读
Goodreads

卑弥呼女王像

圣德太子及其皇弟殖栗皇子（左）和长子山背大兄王（右）的肖像画

乙巳之变后，
大化改新开始

阿倍仲麻吕望月思乡

8世纪的奈良时代庄园地图

藤原不比等像

源赖朝像　　　　　　　　　　足利义满像

《保元·平治之乱合战图屏风》图

织田信长像   丰臣秀吉像

德川家康像

明治政府施政纲领《五条御誓文》

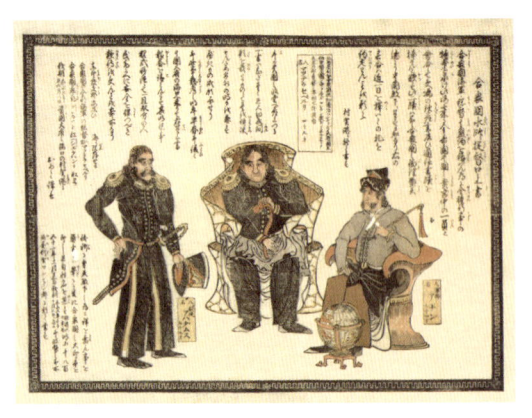

描绘佩里和其他美国船员的日本木刻画

日本摄影师龟井兹明拍摄的日军于旅顺埋葬清人尸体

"一·二八事变"中,国民革命军十九路军和第五军在上海奋勇抗敌阻击日军

日俄战争后,两国签订《朴次茅斯和约》

偷袭珍珠港事件中受创的三艘战列舰,由左至右为"西弗吉尼亚号"战列舰、"田纳西号"战列舰、"亚利桑那号"战列舰

在美军中将理查德·萨瑟兰的监督下，由日本外务大臣重光葵在停泊于东京湾的密苏里号战列舰上签署《降伏文书》

《美日安保条约》正本

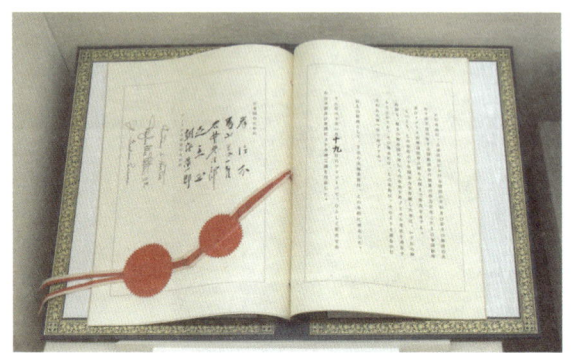

《广场协议》签订现场，左起前联邦德国财长杰哈特·斯托登伯、法国财长皮埃尔·贝格伯、美国财政部长詹姆斯·贝克、英国财长尼格尔·劳森、日本财长竹下登

目 录

再版前言 / i

首版引言 / v

一、史前文明和奴隶社会（史前—3世纪末）

    1. 日本的起源　　　　　　　　　　　/ 003

    2. 徐福的传说　　　　　　　　　　　/ 007

    3. 邪马台国　　　　　　　　　　　　/ 010

二、天皇制下的律令国家（3世纪末—7世纪末）

    4. 大和国时代　　　　　　　　　　　/ 017

    5. 推古改革　　　　　　　　　　　　/ 022

    6. 大化改新　　　　　　　　　　　　/ 025

    7. 律令社会　　　　　　　　　　　　/ 030

    8. 奈良时代　　　　　　　　　　　　/ 033

    9. 遣唐使　　　　　　　　　　　　　/ 039

三、武家政治萌发（8世纪初—1185）

    10. 庄园兴起　　　　　　　　　　　/ 047

    11. 摄关政治　　　　　　　　　　　/ 052

    12. 院政时代　　　　　　　　　　　/ 057

    13. 平氏政权　　　　　　　　　　　/ 062

四、武士的历史舞台（1185—1869）

    14. 镰仓幕府　　　　　　　　　　　/ 067

    15. 承久之乱　　　　　　　　　　　/ 071

    16. 武士社会　　　　　　　　　　　/ 075

    17. 元日之战　　　　　　　　　　　/ 078

    18. 建武中兴　　　　　　　　　　　/ 082

    19. 南北朝动乱　　　　　　　　　　/ 085

    20. 室町幕府　　　　　　　　　　　/ 087

    21. 动乱之秋　　　　　　　　　　　/ 092

    22. 战国时代　　　　　　　　　　　/ 096

    23. 一代枭雄织田信长　　　　　　　/ 100

    24. 丰臣秀吉　　　　　　　　　　　/ 104

    25. 幕藩体制　　　　　　　　　　　/ 109

    26. 武士道　　　　　　　　　　　　/ 115

    27. 锁国时代　　　　　　　　　　　/ 118

28. 经济发展　　　　　　　　　　　／121

29. 汉学的影响　　　　　　　　　　／124

30. 幕政改革　　　　　　　　　　　／127

31. 思潮涌动的时代　　　　　　　　／133

32. 佩里叩关　　　　　　　　　　　／136

33. 倒幕运动　　　　　　　　　　　／140

五、百年维新成就军国主义（1869—1945）

34. 明治维新　　　　　　　　　　　／147

35. 向外扩张　　　　　　　　　　　／152

36. 自由民权运动　　　　　　　　　／157

37. 甲午战争　　　　　　　　　　　／161

38. 日俄战争　　　　　　　　　　　／166

39. 战后震荡　　　　　　　　　　　／171

40. 第一次世界大战中的日本　　　　／175

41. "一战"后的日本　　　　　　　　／179

42. 法西斯政权　　　　　　　　　　／182

43. 侵华战争　　　　　　　　　　　／186

44. 偷袭珍珠港　　　　　　　　　　／192

45. 侵占东南亚　　　　　　　　　　／197

六、废墟中崛起，努力"国家正常化"（1945—2020）

- 46. 日本投降 / 203
- 47. 占领下的改革 / 208
- 48. 战后经济 / 214
- 49. 20世纪50年代的日本 / 218
- 50. 20世纪60年代的日本 / 222
- 51. 动荡的20世纪70年代 / 225
- 52. 中曾根时代 / 230
- 53. 利库路特事件 / 236
- 54. 联合政府 / 240
- 55. 桥本—小渊—森喜朗 / 245
- 56. 小泉时代 / 249
- 57. 政权更迭 / 254
- 58. 民主党的"三驾马车" / 259
- 59. 安倍时代 / 269

附录一 日本历史年表 / 279
附录二 日本历任首相 / 289

再版前言

本书首版于2006年6月，转眼便是十五年。

这十五年，于个人、于家国、于世界都发生了出乎预料的变化。

2021年1月，日本国内新冠肺炎疫情再现恶化趋势，感染人数激增。日本首相菅义伟13日发布"紧急状态宣言"，宣布即日起全面暂停所有外国人入境，计划持续到2月7日。这是近半个月以来，日本政府第二次因为新冠肺炎疫情采取了入境限制措施。这次，日本彻底封国了！

历史上，日本第一次封锁国门是1635年。

当时，为了禁绝外国教会在日本活动，幕府严令禁止包括特许船在内的一切日本船只驶往海外，海外的日本人不许回国，归国者不问理由一律处死。彼时，只允许中国和荷兰与日本保持贸易活动，对其他国家一概禁绝往来。

给荷兰留一道小门，是因为荷兰商人在日本只关心赚钱不传播信仰。也就是从那时起，江户幕府第八代将军德川吉宗对西方近代科学产生了兴趣，便解禁了与天主教无关的汉译西洋图书，日本人开始通过学习荷兰语了解欧洲的先进科技，"兰学"由此兴起。

"兰学"拓宽了日本的视野和见识,也让日本开始向西方文明靠近。

1846年,美国"黑船叩关",用炮舰打开了日本关闭了两百多年的国门,日本人也开始走出国门。

明治维新,西方世界成了日本学习、超越的目标。

甲午战争后,日本进入了中国人的视野,也加入了世界帝国主义俱乐部,甚至一跃而为远东霸主。日本的野心上演膨胀的戏码,骄横跋扈不可一世,最终被美国投下的"小男孩"刺破泡沫,梦碎"蘑菇云"。

1946年,在美国的监督下,日本制定颁布了"和平宪法",戴上了"紧箍咒",埋头发展经济,不问军事。

但是,正如美国日本问题专家肯尼思·派尔(Kenneth B. Pyle)在《日本崛起》中提到的那样:日本之所以能崛起,除了一直受到研究者关注的日本民族的勤奋刻苦和善于模仿等因素外,还存在着一个尚未得到足够重视的战略文化方面的原因,即日本的精英分子自明治维新以来一直具有的那种强烈的强国意识。

这种强烈的强国意识不仅体现在发展经济上,还体现在心心念念要摘下"紧箍咒"上。让日本"国家正常化"、拥有自己的军队,一直是日本精英分子的强国梦。安倍晋三就是其中一个跳上了台的马前卒。

小泉纯一郎之后的十五年里,日本经历了六年换七位首相的权力纷争。

但是安倍晋三再度拜相之后,政权稳定,且不屈不挠地为日本成为"正常国家"拼尽全力。

同样是这十五年里,岛国日本也离我们中国人越来越近,近到触手可及。

我们来看看一组数据：2006年访问日本的中国游客为81.16万人；2009年日本开放中国游客访日自由行；2010年访问日本的中国游客增至141.3万人；2015年访日的中国人数达到499.4万，约是上一年同期的两倍；2018年访日中国游客达到838万人；2019年访日中国游客达到959万人。若不是受新冠肺炎疫情影响，估计2020年中国访日人数可突破1000万。

走在繁华的日本都市街头，我们看到的是一个行色匆匆的有活力的社会；游览风光名胜时，我们看到的是一个平静而舒适的国度。

然而，在这看似一片祥和的景象里，谁知道日本精英分子正将他们的国家带向何方，会对我们的生活造成怎样的影响呢？"他们的思想怎么样？他们国家和社会的基础在哪里？他们的生活根据在哪里？"

我们希望日本正确对待历史问题，我们中国人也会正确对待日本问题。

"一衣带水"的邻邦，彼此都不能视而不见，我们更不能见而不识。

正如戴季陶所言："我们只有晓得它的过去如何，方才晓得它的现在是从哪里来的。无论是怎样反对它、攻击它，总而言之，非晓得它不可。"

作者
2021年1月12日

首版引言

1894年中日甲午战争之前的一千多年里，日本几乎不在中国人的视野里；1894年之后的一百多年里，这个昔日在中国人看起来并不起眼的边陲小国似乎是突然跳进了中国人的视野。

我们熟悉美国、欧洲、澳大利亚甚至中东和非洲，但是，我们不熟悉日本，仅有的了解也往往是零散破碎的。

其实，撇开历史的怨仇憾恨，我们应该心中有数：改革开放以来的这二十多年里，中国一直以开放的胸襟向日本学习，中日经贸文化往来日见密切，双方都从中受益良多。

对待日本，正如我国学者金熙德教授所说，中国真正需要的是"强国心态""大国心态"。我们应该以开阔的心胸去"知己知彼"，没有必要在"思想上闭关自守"。

实际上，"二战"后的日本已经不是当年侵华时的日本。如今，日本是世界一流的经济、金融、工业及科技大国，拥有尖端技术，世界知名的跨国企业集团比比皆是；日本也是世界教育最发达的国家之一，拥有很多著名的高等学府，比如，东京大学、早稻田大学等。

……

如果我们真正关心自己国家的利益、真正在乎改革开放以来中国所取得的巨大成就、真正希望中国和平崛起,那么,就让我们真正地了解自己的邻居吧!

因为,这不是一个普通的邻居,而是一个强大的邻居。

(一) 史前文明和奴隶社会

(史前——3世纪末)

最早提及日本的中国文献是成书于战国末期的《山海经》，书中写道："盖国在钜燕南，倭北，倭属燕。"大约三百年之后，成书于1世纪的《汉书·地理志》又有记载说："乐浪海中有倭人，分为百余国，以岁时来献见云。"

---

1. 日本的起源

提到日本的起源，我们先来看一下日本列岛的形成。这一方土地的来历，可以追溯到200多万年之前——地质学上的洪积世时期说起。那时候，中国的东海和渤海还是森林茂密的陆地，日本列岛与亚洲大陆连为一体，呈现为亚洲东北部的沿海边地。直到1万多年前的冲积世时期，历经地球气候变暖、极地冰川融化、海平面上升以及剧烈的地壳运动之后，日本列岛才渐渐地从亚洲大陆剥离开来，逐渐形成今天我们所看到的形似琵琶横卧海角、又如弯弓孤悬天涯、四面环海的一长串列岛。

日本列岛由北海道、本州、四国、九州等3000多个岛屿组成，海岸线长2.6万多公里，位于北纬20°～46°、东经122°～149°，属于海洋性温带季风气候，南北差异较大；年平均气温为10℃～20℃，年均降水量为1000～2500毫米。因为地处环太平洋造山地带，日本列岛的地质构造极不稳定，是大地震和火山活动频发之地。

那么，最早生存在这片土地上的古人类来自哪里呢？日本人的祖先又是谁呢？对于这个问题，学术界至今仍然聚讼不决，没有给出标准答案。日本学术界比较一致的看法是，日本列岛的先民并非土生土长，而是远古时代从亚洲各地络绎迁徙而来的。据说，在遥远而漫长的旧石器时代，原始人类已经踏上了这片土地。到了3万年前，那里的人口已经达到数千人的规模，稀稀疏疏地散居在日本列岛的各处。

根据中日学者的研究，早期生活在日本列岛的先民中，有些人可能是中国北京猿人的后裔。当年日本列岛与亚洲大陆连为一体，日本的西部与中国、朝鲜直接相连，逐兽而徙的原始先民们追逐猎物，经由朝鲜逐步来到这里，成为日本列岛上最早的居民。随后，也有生存在亚洲大陆其他地区的古猿人，因追逐猎物，踏上日本列岛与亚洲大陆于冰川期形成的陆桥，陆续抵达日本列岛。

日本考古学家樋口隆康认为，进入日本列岛的移民途径主要有五条：（一）北路——来自库页岛，经北海道进入本州北部；（二）南洋路——自南太平洋诸岛进入本州东部；（三）朝鲜路——来自北西伯利亚和中国华北，经朝鲜半岛进入本州中部；（四）东中国海路——来自中国长江流域，直接东渡至九州北部；（五）冲绳路——来自中国华南及东南亚，经台湾、冲绳至九州南部。

由此可见，日本的祖先比较复杂，按照日本学者樋口清之的说法："日本人是在日本产生的，但其要素是以和中国华南的洪积期化石人有关系的日本化石人为核心，渐次加入南亚的马来人和印尼人、中国北方的通古斯人和日本列岛上最早的土著人——阿伊努人，最后产生出尚未完全统一的现代日本人。"

其中的阿伊努人，据说是日本列岛上最早的土著居民，属高加索人种的一支，面部和身体多毛，因此也被称作"厚毛阿伊努"。起初，阿伊努人居住在日本南部，后来被大和族人排挤，逐渐向北迁移，避居到北海道地区。也有一些日本人与阿伊努人通婚，生育了体毛发达的后代，中国史书上称之为"多毛的海上矮人"。如今，生活在北海道的阿伊努人仍保留着本民族的传统文化，以采集和渔猎为生。人口总数约为2.5万。

千古一瞬，走过旧石器时代的中期、末期，日本列岛便进入了新石器时代，也即日本人所谓的"绳文文化"时代，其时距今为8000—10000年。

由于日本早期没有史料记载，日本的历史时期只能根据考古发现的古迹、文物以及地名来命名。比如，日本出土的最古老的陶器，外部通常带有草绳痕迹，便被称为"绳文陶器"，它所代表的时代就被称为"绳文文化"时代。

绳文文化时代是日本的原始社会，绵延了数千年之久，一直存续至公元前3世纪。当时，日本先民们使用的是最简单的石器工具，并开始学会打磨石器，制作和使用石枪、弓箭、石斧等劳动工具。伴随着劳动工具的改进，虽然人们的生产能力有了些许提高，但是，仍以采集、狩猎、捕鱼为生。环抱日本列岛的海洋，为日本先民们提供了丰美的海产品；茂密的原始森林中，种类繁多的野生动植物也是人们的美味佳肴。

在绳文文化时代的人们，不再满足于早期的居住条件，开始从天然洞穴或岩石遮阴处走了出来，在地面上挖一些圆形或方形的坑，中间竖起四根可支撑屋顶的木柱，建起了竖穴式棚屋。居住条件得到了改善，聚居规模也从最初的两三户一个部落发展到十几户一个部落，村落中央还辟出用于全部落活动的广场。

绳文文化时代，属于母系氏族社会。社会网络以血缘关系为纽带、由单个的母系家庭聚合而成。随着部落的繁育、壮大，部落内部秩序应需而生。由于部落是以母系血缘为纽带组成的，所以，部落首领都是德高望重的女性。在她们的领导下，部落成员集体从事生产活动，过着原始的集体生活。女性首领们并不凭借权势发号施令，而是利用巫术控制家庭和部落。

也是在这一时期，日本先民学会了用火，开始烧制陶器；陶器的出现为人们的生活带来了极大的便利。人们学会了存贮水、粮食和煮熟食物，生活质量得到提高，各个部落渐渐地结束了四处漂泊的游猎生活，逐渐在某一个地方定居下来。

但是，稳定的居住生活并没有让日本先民真正安稳过活，特殊的地理环境下，人们常常遭遇让人生畏的自然威力：岩浆四溢的火山爆发、绵延不断的地震、狂暴的海啸和凶猛的台风等，在诚惶诚恐中，他们由衷地相信山峦、瀑布、树木、岩石等世间万物都包含着神灵。日本的原始宗教——神道教，即"自然崇拜"，便在迷茫中萌生了。

绳文时代末期，随着人口的增长，狩猎、捕鱼和采集等获取食物的方式已经无法缓解食物紧缺的压力。于是，人们开始尝试简单的农业生产，从而拉开了新时期的序幕。

我年轻的时候，通过老辈介绍，知道信州羽田家族之根来自中国。我曾经在日本各地讲演，那时有人为我准备了车子，去追踪有关徐福历史故事的遗迹。听说祖先是从京都迁居长野，以前姓秦而不姓羽田，后来由于一些历史上的原因，改为和"秦"（hada）姓读音相同的"羽田"（hada），所以，我们可以说是秦始皇的后代。

——羽田孜（1994年，日本第八十任首相）

---

2. 徐福的传说

1884年，在东京都文京区弥生町，出土了一种精致的陶器，引起世人瞩目。这种陶器器身细薄，饰纹简素，讲究实用，年代被推至公元前3世纪前后，相应的历史时期因而被称为弥生时代。

当时，处于原始社会的日本列岛出现了水稻、青铜器和铁器，标志着日本列岛在奔向文明社会的道路上出现了新的跨越。但是，一直在蹒跚而行的日本列岛为什么会发生跳跃式的进步呢？如果说弥生式陶器是由绳文陶器发展而来，那么，突然出现的水稻、青铜器和铁器又是从何而来呢？

对此，日本考古学家们根据大量的出土文物和遗址断定，促使日本列岛发生这一巨大飞跃的原因，是来自中国秦朝、汉朝的移民们带来了先进的文明。

重新展开两千多年前的这一幅历史画卷，就不能不提及中国历史上东渡日本的第一人——徐福。在近代的日本史书中，徐福已经很少被人谈起，有关他的一切也被看作传说，但他对日本的影响终归是无法被抹去的。

徐福的故事，最早见于中国的《史记·秦始皇本纪》，后来在《汉书》《后汉书》《三国志》等十部古书中都有记载。

徐福，即徐市，字君房，通晓天文、地理、海洋等知识，掌握医药、炼丹等技术。公元前219年，秦始皇统一中国后，东巡齐地，徐福上书请求入海求仙，秦始皇于是命他带领3000名童男童女往求仙药。徐福入海求仙并不顺利，前两次均失败而归。公元前210年，徐福第三次率领船队出发，这一次除3000名童男童女外，还带有五谷种子、水手、随从、技艺百工、善射者等，船队多达5000~6000人。

对于徐福的出海路线，后人有很多种推测。一条路线是，从琅琊（今山东诸城东南）出发，西航至黄县北海岸的黄河营港，驶向庙岛群岛南端的南长山岛，再逐岛北上横渡渤海海峡，抵达辽东半岛南端的老铁山。之后，沿辽东半岛南海岸，东航至鸭绿江入海口，沿朝鲜半岛西海岸南行到济州岛，最后渡过对马海峡到达日本的北九州。据说，在7世纪以前，这条古老的航线是中国与朝鲜、日本之间海上往来的唯一通道。

徐福的船队踏上日本列岛时，与蹒跚而行的日本社会撞了个满怀。这一片土地毫不犹豫地留下了徐福的队伍。日本学者壹岐一郎在《日本列岛千年史略》中写道:"徐福集团分成了若干支团,定居在日本中西部地区。最东的定居地在富士山麓。"日本列岛留下的不仅是一个人、一支队伍,更有来自秦国的造船、航海、冶炼、农耕、纺织、医药等技术和中国的习俗文化。他们为日本列岛的发展带来了强大的推动力量。

根据壹岐一郎的记载,徐福和他的船队,因为厌恶战国时期的杀伐征战,决心不再制造武器,只制作用于生产的青铜工具和铁制农具……专心致力于治病救人。

在徐福船队的帮助下,发展迟缓的日本社会从落后的采集经济迅速地迈入了先进的农耕经济。水稻种植普及整个日本,人们逐渐从丘陵、海滨等居住地迁移到湿润的低洼地带。随后,又开辟了旱田。经济生活逐渐丰富,开始种植苎麻,养蚕抽丝,掌握了织布技能。

随着农业生产的迅速发展,社会结构也随之发生了变化。男性的地位开始提高,逐渐拥有更多的财产,女性的权威遇到了挑战。以血缘关系为纽带的、以单个母系家庭为主的原始社会结构日渐松散。

据统计,在日本各地,与徐福姓名联系在一起的墓、祠、碑、宫、庙、神庄等遗址有50余处,登陆点20余处,传说故事30余个。徐福纪念组织、研究机构有90多个,祭祀节典和仪式多达50余种,出版相关著作50余部。

徐福也被日本各地民众称为"王""御""弥生文化的旗手",还有人将他奉为丰收神、农耕神、纺织神、医药神、冶炼神、渔业神、造船神、水利神、殖产神等,世代祭祀。

各个民族，都有许多特殊的神话，在历史上是很有价值的。日本人向来也有一个迷信，以为他们的国体、他们的民族，是世界上哪里都找不出来的，是神造的。

——戴季陶《日本论》

3. 邪马台国

弥生时代后期，活跃在日本列岛上的主角是邪马台国。那么，邪马台国是如何诞生的？曾经在日本历史上演绎了怎样的故事呢？

日本最早的有关资料见于720年，其第一部正史《日本书纪》。该书记录的主要是神话故事和民间传说，虚构色彩浓厚。所幸的是，我国古书在两千两百年前留下了一些记载。

我国的《山海经·海内北经》《汉书·地理志》，都对日本列岛有所记载。公元前108年，汉武帝在朝鲜半岛设置了乐浪郡。日本列岛上的"百余国"，定期向汉朝的乐浪郡朝贡。在《后汉书·东夷传》书中，范晔记载说：57年，倭奴国的使者到东汉首都洛阳朝贡，光武帝赐给他一副印绶。一千七百多年后，即1784年，在日本九州北部博多湾口的志贺岛，果然出土了一方铸有"汉委奴国王"的金印，印证了我国文献的真实可靠性。

关于邪马台国的故事，见于陈寿的《三国志·魏书·倭人传》。

3世纪前后，日本列岛进入了农耕文化时期。由于农作物逐渐有了剩余，部落之间出现了贫富差距。部落之间的土地争夺，逐步演化成部落之间的战争。而每次战争之前，都要举行神圣的祭神求佑仪式，主持司祭者逐渐成为在部落中最重要的权力人物。

不知经过多少回合的部落战争之后，日本列岛上的100余个部落渐渐合并为30余个。同时，部落内部的社会结构也发生了变化。除司祭者之外，部落里还产生了分管组织耕作、治水、灌溉等事务的首领。权力的魔杖激发着首领们的贪欲，他们以权谋私、积累个人财富，拥有权势的人物们逐渐让自己成为贵族阶层，各个部落也渐渐演变为部落小国，日本列岛陆续步入了阶级社会。

2世纪后半期，各部落小国之间战乱再起。战乱中，邪马台国在30余个小国中脱颖而出，并成为辐射日本列岛的政治中心。据《魏书·倭人传》记载："其国本亦以男子为王，住七八十年，倭国乱，相攻伐历年，乃共立一女子为王，名曰卑弥呼。"也就是说，一位叫卑弥呼的女子被贵族们推选为王。

邪马台国女王卑弥呼"事鬼道、能惑众"，终身没有结婚。她擅长咒术，以此来统治诸国。《魏书·倭人传》记载，卑弥呼"有男弟佐治国"，卑弥呼女王主要是宗教领袖，而其弟则是政治领导，直接领导着大率、大倭、大夫等官员。

大率是中央派到各小属国的监察官，大倭是管理全国集市的官吏，大夫是主持外交事务的官员。有些属国还保留国王。《魏书·倭人传》记载，邪马台国已经拥有一支维护女王统治秩序和对外战争的军队。还有了不成文的法律和刑罚,"其犯法,轻者没其妻子,重者灭其门户及族"。

邪马台国人民被划分成"大人""下户""生口"和"奴婢"四个等级。"大人"是指达官贵族、奴隶主,其代表人物就是女王卑弥呼。"下户"是平民百姓或自由民。他们有自己的家庭,向国家交纳"租赋",占人口的绝大多数,是社会生产的主要劳动力,也是战时的主力军。"大人"与"下户"之间等级森严,如果在路途中相遇,"下户"不仅要让路,而且要躲到草丛中去。与"大人"说话时,"下户"要蹲下或跪下,两手踞地,必须非常恭敬。"生口"和"奴婢"来源于战俘和罪犯,没有人身自由,任凭"大人"们使用和相互赠予。"奴婢"们有时会成为殉葬品。《魏书·倭人传》记载道:"卑弥呼以死,大作冢,径百余步,徇葬者奴婢百余人。"

这一时期,铁器农具开始在日本普及,农业生产水平日趋提高,粮食有了剩余,出现了酿酒业,书中记载说"人性嗜酒"。手工业从农业中分离出来,产生了兵器制造者、工具生产者和手工纺织业者,出现了专门制作供贵族们享用的工艺品部门和工匠。随着手工业产品的增多,邪马台国出现了"国国有市,交易有无"的贸易场景。

由于地域差异,日本各地的发展并不平衡。对马国"无良田,食海物自活",壹支国"多竹木丛林……差有田地,耕田犹不足食"。

也许是因为没有针和剪子之类的工具,人们的服装依然简陋,男子"其衣横幅，但结束相连，略无缝"；女子"作衣如单被，穿其中央，贯头衣之"。

关于邪马台国的具体位置，至今仍是一个悬而未决的谜题。根据《魏书·倭人传》记载，我国学者的主流看法是，邪马台国在日本列岛的九州（今福冈市）北部地区。日本的学者大多认为，邪马台国应该在日本列岛近畿大和（今奈良）地区。

邪马台国时期，日本加强了同中国的交往。239—248年的九年间，邪马台国曾先后四次派使节团到中国，开辟了中国文化传入日本的官方道路。

239年，中国处于魏、蜀、吴三国时代，邪马台国女王卑弥呼派出使节，前往魏国的首都洛阳，向魏明帝进献"男生口四人、女生口六人、斑布二匹二丈"。作为回礼，魏明帝授予卑弥呼女王"亲魏倭王"印，并封使节以官职，还赐予黄金、五尺刀、铜镜、珍珠、铅丹（红色颜料）及纺织品等。240年，魏明帝遣使将诏书、印绶及礼物送到日本。这是中国历史上第一次公派使者赴日。

随后一段时间，邪马台国与邻国——狗奴国——陷入苦战。247年，邪马台国向魏国求助，魏国遣使赴日本调解。在魏国的政治援助下，邪马台国最终保住了王权，加强了对各小国的控制。

据传说，卑弥呼女王死后邪马台国曾经立一男子为王，结果引发了内乱。248年，与卑弥呼女王有血缘关系的13岁少女"壹与"当上女王，局势才稳定下来。显然，母系氏族制仍在主导着当时的日本社会，男权制度还没有确立。

《晋书》记载，265年倭国遣使入贡以后，约一百五十年间，中国史书中再也没有记录日本的事情。而日本还没有文字,当然也不存在任何记录,这段历史空白给后人留下了无限的遐想:邪马台国最终结局如何?它与后来的"大和国"又有何关系?

(二) 天皇制下的律令国家

（3世纪末—7世纪末）

从5世纪末到7世纪，倭国逐步接受中国的"华夷之别"的思想。它也自视为"华夏"，视邻近小国为"夷狄"。它向朝鲜半岛扩张，并视新罗、百济为朝贡国，自己以大国自诩。

——夏应元

------

4. 大和国时代

3世纪末，在今天的奈良一带，兴起了一个较大的国家。因为地处大和平原，得名大和国家；3世纪末至7世纪中叶，则被称为"大和国时代"。

3世纪中后期至5世纪初期，近一百五十年的时间里，日本列岛没有留下只言片语的文字记载。但是，达官贵族们留下了许多巨大的坟墓，似乎在向后人炫耀他们曾经的荣华富贵。因为这些古坟，"大和国时代"又称作"古坟时代"。

与大和国的迅速兴起相反，昔日的强国邪马台在3世纪末期日渐衰落。4世纪末，大和国的势力扩张到九州和关东一带，逐步统一了日本的主要地区，开启了大和国时代。这个时期，因为没有文字记载，都是根据传说、出土文物和遗迹推测而来。但是，接下来大和国入侵朝鲜半岛这段历史，却在"好太王碑"①（现存吉林省集安市太王乡）上有了些许记载。好太王碑建于414年，是高句丽第二十代长寿王为纪念其父广开土王的功绩而立。

碑文记载了高句丽与倭十余年间在朝鲜半岛上相互争战的经过。

也就是说，刚统一日本列岛，脚跟还没站稳，大和国便开始以大国自居，对朝鲜半岛垂涎三尺。当时，朝鲜处于三国时代；高句丽占据朝鲜半岛的北部，与半岛南部的百济、东部的新罗形成三足鼎立的对峙局面。

鹬蚌相争，渔翁得利。朝鲜三国相争中力量最弱的是百济，为了加强自身的竞争力，百济向大和国伸出援手并与之结盟，给了日本一个入侵朝鲜半岛的切口。从391年开始，倭王就断断续续出兵入侵朝鲜半岛，并占领了东南部的任那地区。

4世纪末，大和国开始加强与中国的联系、向中国朝贡，试图借助中国的权威来加强自己在朝鲜半岛的势力。但是，朝鲜北部的高句丽势力逐渐南下，与新罗联手，不断打击日本在朝鲜的势力。6世纪中叶，大和国被迫撤出朝鲜半岛。

据《宋书·夷蛮传·倭国》记载，5世纪至6世纪初，有五位国王先后统治过大和国，史称"倭五王时代"。

413年，第一代大和国王赞主动与中国交往，遣使向东晋进贡。

---

① 好太王碑，又称广开土王碑，中国东晋时期高句丽第十九代王谈德（374—413）的记功碑。

《宋书·夷蛮传·倭国》记载：420年，宋武帝册封朝鲜半岛的百济王为镇东大将军，倭第二代王珍对此极为不满，因为爵位在其倭王之上。438年，派使节到中国朝贡，要求任命自己为"使持节、都督倭百济新罗任那秦韩慕韩六国诸军事、安东大将军、倭国王"。宋文帝对珍的要求未允，只同意他继承前王的称号——"安东将军、倭国王"。此后，第三代王济、第四代王兴、第五代王武（兴之弟），均在登基之后以及中国改朝换代之时，遣使来华，取得中国皇帝的册封，以巩固在日本的统治地位。截至502年，大和国共向中国南朝派遣使节十三次。

与中国的交往、与朝鲜百济国的联盟，带动了新一轮的移民潮。中国和朝鲜的先进文化大量传入大和国，促使日本列岛的纺织业、金属加工和冶炼技术、制陶术以及土木建筑业迅速发展；汉字、儒学、佛教也陆续传入，极大地推动了日本社会的文明进步。

最初，汉字只在移民之间使用，后被用于官方的记录、商业账簿及外交文件中，许多日本人也渐渐学会了汉文。478年，第五代倭王武写给中国南朝皇帝的国书就是用汉字写的。

552年，佛教从朝鲜半岛传入日本，这时的日本宗教活动还处于原始的自然崇拜阶段。不过，已经从露天的祭祀场所搬进了神社、神宫等建筑物中。但是，针对日本要不要信奉佛教这个问题，大和朝廷展开了激烈争论：物部尾舆认为"外国神"会触怒"日本神"，主张排斥佛教，而苏我稻目认为各国都信佛，日本应该顺应潮流。两派相持不下，当时的钦明倭王也拿不定主意。

一直到587年，钦明倭王去世，苏我马子联合信佛的厩户皇子杀了物部守屋，掌握朝廷实权，佛教才在日本大行其道，逐渐被改造为控制人民的思想工具。

大和国的国王是男子世袭制。国王不只是宗教权威，也是政治、军事领袖。其统治体制是氏姓制。国王之外，各豪族的直系、旁系家族称作"氏"。氏的首领为"氏上"，一些氏上在朝廷中任职，氏的一般成员称为"氏人"。氏上有区别身份高低的世袭称号"姓"。最初，"姓"是氏人对氏上的尊称。后来，为了加强对豪族的控制，国王掌控了赐予或剥夺氏上们"姓"的权力。

国王授予各氏"姓"的种类有"臣""连""君""别""公""宜""造""首""史""村主""稻置"等。其中，拥有"臣""连"姓的豪族地位最高。最有实力的氏上通常被授予"大臣""大连"称号，辅佐国王掌管朝政，地位和职务是世袭的；地方的豪族则给予"国造"等称号，负责地方事务，以姓"臣""君""公""连""直"为主；"县主"是低于"国造"一级的地方官；在朝廷担任警备、祭祀等职位的被称作"伴造"，大多姓"首""造""连"。

支撑氏姓制度的经济基础是部民制，也就是日本的奴隶制。

部民制产生于4世纪，是大和国社会生产关系的集中反映。部民没有人身自由，是王室和豪族们的私民，来源主要是中国或朝鲜的移民、被征服者、战俘和罪犯等。按照所从事的行业，部民被划分为不同的部。比如，王室的私民叫田部民，在王室直辖地"屯仓"上从事农业生产。从事手工业或养殖业、狩猎者叫品部民。豪族的私民叫部曲（民部），在豪族私有领地"田庄"上劳作。部民们有自己的家庭，但经济不独立，名字也被冠以主人名、职业名或地名。

为了追求财富，大和王室不断侵占地方豪族的领地、扩大自己的屯仓，引起了地方贵族的不满甚至是反抗。在社会下层，因为不堪忍受部民制的奴役，部民逃亡的现象也日趋严重，社会经济陷入凋敝。沉重的政治、经济和社会问题，迫使大和朝廷走向改革之路。

607年，大和政权以小野妹子为使再次向隋朝进贡，此次遣隋使的目的是获取包括佛教在内的文化产物，在国书中还有这样一句话"日出处天子致书日没处天子，无恙乎"。据说，隋炀帝被"东夷"自称"天子"一事激怒。

——［日］网野善彦《日本社会的历史》

5. 推古改革

562年，大和政权在朝鲜半岛的据点任那被新罗灭掉。日本在朝鲜半岛的失利，打击了大和政权重臣大伴氏的威信，但是主持军事的物部氏和主持财政的苏我氏则更加得势。

6世纪末，用明天皇（585—587年在位）死后，苏我马子消灭其政敌物部氏，把持朝政，操纵皇位继承事务。592年，苏我马子拥立外甥女即位，即推古女王（592—628年在位）。次年，又任命女王的外甥圣德太子[①]（574—622）为摄政。

在圣德太子摄政的三十年间，推古朝出现了"天皇"一词代替

[①] 圣德太子并非其在世时的称呼，而是后世天武天皇时期的追谥。圣德太子在世时的称谓是厩户皇子，相传他在马房前出生。厩户，意思就是马厩。圣德太子笃信佛法，身体力行地弘扬佛法，被后世尊为日本的佛教之父、神圣之王。他的头像被日本政府印在日本5000和1万日元的钞票上。

以前"大王"的称号,由此建立了以天皇为中心的中央集权制度,并实行一系列的政治改革,对日本社会产生了极其深远的影响。

为了维护天皇的权威和统治,圣德太子首先制定了不能世袭的冠位制度,即"冠位十二阶"。冠位只是一种荣誉称号,没有职权,也没有人数限制。朝廷根据个人的才干和功绩来授予头衔,而不必考虑出身门第。此举广纳天下人才,削弱了世袭贵族的势力。

604年,圣德太子颁布了用汉文书写的《宪法十七条》。这是日本最早的成文法,内容多出自中国儒家思想,以劝善弃恶的训诫和说教为主。目的在于加强皇权,压制氏姓贵族的势力,消除人民的反抗。十七条中最著名的有三条:第一条"以和为贵";第二条奉"佛、法、僧三宝"为"四生之终归,万国之极宗";第十七条"对重大之事情不能由一个人单独决断"。

圣德太子热心于佛教研究,并且亲自在宫中讲解佛经,撰写《三经义疏》。下令推广佛法,带动日本各地修建了许多寺院,很多贵族也建造了"氏寺"。

此时,中国已经结束了南北朝对立,建立了统一的封建集权国家——隋朝。为了摄取更多的中国先进思想和文化,圣德太子开始加强与中国的联系。607年,圣德太子派遣小野妹子出使隋朝,恢复了中断一百多年的中日邦交。同时还派遣留学生和留学僧到中国学习。

由于圣德太子的大力推广,来自中国的佛教文化源源不断地流入日本,形成了一种以佛教文化为代表的飞鸟文化。圣德太子摄政时,建都于奈良盆地南部的飞鸟城,因而被称为"飞鸟文化"。

随着飞鸟城及其周边地区佛教寺庙的兴建，雕刻、绘画以及佛像的雕塑等艺术也发展起来。寺庙俨然成了外来文化和流行艺术的展示天地，中国南北朝时期的艺术风格俯拾即是。日本美术史学家久野健描述说：日本7—8世纪的雕刻是从北魏至隋唐的中国雕刻史的缩影。这期间最具有代表性的建筑是，日本最早的佛教寺院——飞鸟寺，以及现存的世界上最古老的木造建筑物之一——法隆寺。

大化改新的目的在于，通过将地产国有化的方式，打碎日本各地世袭的家族权力。

——［日］坂本太郎《日本史》

6. 大化改新

7世纪初，日本社会各阶级之间的矛盾冲突再度激化。而此时的中国，在618年隋朝灭亡之后，唐朝兴起，再度成为东亚地区最为强盛的国家。朝鲜半岛的新罗，因为充分采纳了唐朝中央集权的国家体制，国力日渐壮大。新的国际形势对日本产生了新的影响。

622年和628年，圣德太子与推古女皇相继去世。大贵族苏我氏掌控政权，擅自决定了两任天皇——舒明天皇和皇极天皇——的人选。苏我马子、苏我虾夷、苏我入鹿相继当政专权。其中，苏我入鹿"为人暴戾"，试图篡夺皇权，不仅逼死了圣德太子的儿子山背大兄王，还大兴土木，为苏我氏大规模建造陵墓。频繁的徭役征调致使日本国民不堪重负、社会陷入混乱。

这期间，曾被圣德太子在608年派往中国的留学生（僧）陆续回到日本。经过在中国二三十年的生活和学习，他们不仅学到了丰富的文化知识，还十分了解中国隋、唐两朝的国家统治制度。"海归"们广泛传授和推广中国的先进思想和儒家文化，在执政贵族中产生了很大影响。同时，留学人员非常关注东亚地区的国际形势，认为日本应该仿效中国唐朝的统治方式进行政治改革。他们的新思想和新主张与不满苏我氏专权跋扈的贵族结合成了新的政治势力集团。

主张改革的新势力集团，以舒明天皇之子中大兄皇子（626—671）和出身于世袭祭官家庭的中臣镰足（614—669）为首。中大兄皇子刚毅果断、勤于政事，经常向从隋唐归来的留学生讨教。中臣镰足年长中大兄皇子十二岁，雄才大略、聪慧过人、博览群书，深受中国儒家思想的影响。两人都对苏我氏的专权不满，又是无话不谈的知己。共同拜留学隋唐归国的南渊清安为师，学习隋唐政治制度和唐太宗巩固封建统治的各种措施。针对日本的国情，两人秘密策划了消灭苏我入鹿的计划，立志要在日本推广革新政治。

645年6月，在中臣镰足的精心布置下，中大兄皇子等人利用朝鲜半岛三国使者向大和朝廷进赠礼品之际，刺杀了苏我入鹿，并迅速劝降了原苏我氏的部属，迫使苏我入鹿的父亲苏我虾夷自焚而亡。这场政变因发生时的干支年份而被称为"乙巳之变"。

政权易手，孝德天皇（645—654年在位）即位，组成了以中大兄皇子和隋唐留学生为中心的政权。首都从飞鸟城迁往难波（今大阪市），并效仿唐朝，首次建立年号——"大化"，意为"伟大的变化"。

646年年初，新政权颁布《改新之诏》，展开一系列的革新措施，史称"大化改新"。

《改新之诏》由四个部分组成。首先是废除世袭的氏姓制，设立中央机构。除首都之外，全国分为六十多个"国"，"国"由中央派任地方官——国司——全权管理。但是，位于首都周围的五个"国"统称为"畿内"，中央给予特殊待遇。

各"国"下设"郡"，"郡"下又设"里"等行政组织。由此，将原有的氏姓贵族所统辖的大小诸国置于中央的直接控制之下。随后，又整顿军事和交通制度，各级官员的任免权也收归中央。环环紧扣，天皇朝廷逐步建立了中央集权式的官僚政治体制。

其次，《改新之诏》废除了皇室和贵族土地所有制及部民制，将土地和部民收归国有。国家向贵族支付俸禄，称为"食封"。

再次，编制户籍和账簿，实行班田收授法。凡6岁以上的男子授予口分田2段（约1190平方米），女子口分田为男子的2/3，奴婢为公民的1/3。政府每隔六年分发一次。

最后，统一税收标准，实行"租庸调"制。"租"是得到口分田者每年向政府交纳的田租。"庸"是21~65岁的男子每年需要服的徭役，时间的长短根据年龄而定，分15天、30天和60天不等，但实际天数往往超期。徭役包括"兵役"和"劳役"，此外还要为国家水利、土木工程或地方政府的杂务出力，不能服役的就要上缴代纳物。"调"指国家征收的地方特产，比如，布、绢、丝等实物。庸、调比租的征收率要高很多，农民还需要承担运送这些庸、调到首都的任务。

大化改新之后，中央机构得到了整顿和充实，官僚体制也有所加强，中央集权体制得以确立。农民对口分田有了终生使用权，对山林池沼也享有使用权。除需交纳固定的租税和承受徭役之外，农民可以分享自己的剩余劳动成果，经济地位得到了一定的改善。奴婢依然存在，但已经不再是主要的社会阶层。大化改新的一系列措施，将日本带入了封建社会。

这时，朝鲜半岛的新罗在唐朝的支持下进行着统一战争。日本为了恢复在朝鲜半岛的势力，中大兄皇子派出2.7万兵马出征朝鲜半岛，与百济的5000兵马联手，对抗唐朝和新罗的军队。

663年8月27日上午，中日两国关系史上的第一次战争——白村江①海战——爆发。当时，大唐水军7000余人，战船170艘；日军水兵万余人，战船1000多艘。日军人多、船多，但大唐水军船坚器利，武器装备优良。日军首战失利，次日又主动发起进攻，结果，据《旧唐书·刘仁轨传》记载："仁轨遇倭兵于白江之口，四战捷，焚其舟四百艘，烟焰涨天，海水皆赤，贼众大溃。"

《日本书纪》第二十七卷《天命开别天皇》对这场海战做了更加详细的记叙："大唐军将率战船一百七十艘，阵列于白村江。戊申（27日），日本船师初至者，与大唐船师合战。日本不利而退，大唐坚阵而守。己酉（28日），日本诸将与百济王夜观天象，而相谓之曰：'我等争先，彼应自退。'更率日本乱伍中军之卒，进打大唐坚阵之军。大唐便自左右夹船绕战，须臾之际，官军败绩，赴水溺死者众，舻舳不得回旋。朴市田来津仰天而誓，切齿而喷杀数十人，于焉战死。是时，百济王丰璋与数人乘船逃去高丽。"

---

① 铜江古名，亦称白江，是朝鲜半岛上的熊津江（今韩国之锦江）入海处形成的一条支流。

中日第一战的直接后果是，日本停止了对朝鲜半岛的扩张，此后的一千多年里，未曾向朝鲜半岛用兵。日本也由此认识到自身的不足，积极向唐朝学习先进的文化，巩固大化改新的成果。

日本的国防政策转而采取守势，开始在本州西部和九州北部大量增筑烽火台，布置重兵防守。由于对外侵略的失利，中大兄皇子威信受损，被迫向守旧势力让步，增加官位阶名，承认他们对土地及人民的占有，在一定程度上恢复了部民制。

667年，都城迁到内陆的近江大津。668年，中大兄皇子即位，称天智天皇。同年，指令中臣镰足修订了日本第一部成文法典《近江令》，并在670年编制了日本最早的全国性户籍，进一步推进政治改革。

晚年的天智天皇日趋保守，与法定皇位继承人——其弟大海人皇子——之间矛盾重重。大海人皇子是一位公认的革新人物，具有卓越的政治才能。但是，为了让儿子大友皇子继承自己的皇位，天智天皇极力吸收守旧贵族进入政权。遭到排挤的大海人皇子，以出家为名避居吉野。

671年天智天皇去世，大海人皇子和大友皇子叔侄之间展开殊死搏杀。围绕皇位继承，双方发起征战；此次叔侄大战，也被视为革新派与守旧派之间的战争，最终大友皇子战败、自缢身亡。战乱历时一个多月，史称"壬申之乱"。673年，大海人皇子在飞鸟城"净御原宫"即位，称为天武天皇（673—686年在位）。

《飞鸟净御原令》首次将几个称号制度化："日本""天皇""皇后"和"皇太子"。其中"日本"替代了"倭"这一国号，"天皇"取代了"大王"这一君王称号。"日本国"首次出现在列岛上。

——［日］网野善彦《日本社会的历史》

7. 律令社会

673年，天武天皇上台后，继续推进社会经济改革。彻底废除了部民制，山林、池塘等资源收归国有，不再为贵族们独占，并适当减轻了农民的田租和徭役负担。政治方面，继续加强皇权制度，建立了从中央到地方的三级官僚体制。

天武天皇十分尚武，他要求文武官员"务习用兵及乘马"，并在地方上建立军团，负责中央和地方的治安。

在吏治上，天武天皇任人唯亲，推行家族式的皇亲政治。他执政的十四年间，没有任命一个大臣，朝中大事完全依靠自己及皇后、皇子等皇亲来打理。同时，大量起用中小官吏，削弱大贵族的势力。通过这种方式，将中央和地方的权力完全掌握在自己手中。

674年，天武天皇即位的第二年，迁都藤原京（今奈良县原市），仿照唐朝的长安，建设了新的皇宫和皇城。

天武天皇很重视法治建设。681年，在修改《近江令》的基础上，制定了新律令《飞鸟净御原令》。经过几年的不断修改和编制后，于689年正式实施。其时，天武天皇已经去世，在位的是天武天皇的皇后——持统天皇（686—697年在位）。

697年，持统天皇让位于孙子文武天皇，自己与中臣镰足之子藤原不比等等十九人专心编制律令，一年后编制完成，并付诸实施。701年，即文武天皇继位第五年，天皇朝廷决定再度仿效唐朝启用年号。此前，虽然孝德天皇在646年初次建立了年号"大化"，但是没有建立延续使用年号的制度，之后五十多年里，年号的使用也未受到当权者的重视。这一年，正逢对马向天皇朝廷进奉黄金，朝廷决定以此为契机，再度启用年号"大宝"。后来，由于法典完成于"大宝"年间，因此称为《大宝律令》。

702年（大宝二年），持统上皇去世。

718年（养老二年），元正天皇命令藤原不比等修改《大宝律令》。当时年号为"养老"，新的律令于是被称为《养老律令》。该律令涉及的仍然是中央机构设置、班田制、司法建设、身份等级、军事制度等内容。

中央设置了掌管祭祀的神祇官司、管理朝中政务的太政官。当时，祭祀仍然是国家的重要国务，神祇官的品级高于太政官。

班田制方面，除了农民的口分田之外，还按照官僚贵族们的阶位、官职和功劳授予位田、职田和功田，皇室持有直辖领地的官田。位田和职田不能世袭。

国民的身份被分为"良民"和"贱民"。一般的农民属于良民。"贱民"是改新后没有得到解放的奴隶,人数不多。"贱民"分为公有和私有的"奴婢"、私有的"家人",以及从事手工业的"杂户"等。"奴婢"是明显的奴隶;"家人"也是奴隶,但与奴婢不同,可以有自己的家庭生活。"杂户"是原属朝廷的手工业部民。私有"奴婢"与田宅等财产一样可以买卖。

农民要定期服兵役。服役期间可免服劳役,但是,武器和口粮完全由自己准备。农民的负担不仅没有减轻,反而加重了。

《养老律令》的"律",相当于现在的刑法;"令",如同行政法规、民法和诉讼法等。这一时期的日本律令,大体是照搬唐律和唐令编制而成,同时结合日本的实际情况加以充实、变化。比如,官职任命方面,日本没有采取中国的科举制度,而是沿袭了其传统的世袭原则。日本学者认为,这一时期的日本以大唐国为蓝本,建立了"法制完备"的天皇制国家。

奈良处在日本中部的城市群中，环绕四周的是大阪、京都、歌山县和三重县，它是一座比京都还要古老的古都。从京都到奈良，有一种从罗马到雅典的那种跨越历史的感觉。

——李培林《重新崛起的日本》

8. 奈良时代

进入8世纪，随着中央集权制的发展，官僚机构日渐庞大。都城藤原京显得狭小而不敷使用，天皇便动用大量的财力、物力和人力，在奈良地区仿照唐朝的都城长安，建造了平城京（今奈良）。

710年（和铜三年），元明天皇（707—715年在位）率百官贵族迁都平城京。至794年（延历十三年），恒武天皇（781—806年在位）将首都迁往平安京（今京都）之前，这八十四年在历史上称为"奈良时代"。

平城京的规模只有中国长安城的1/4，但其式样是长安的翻版，也是日本第一座真正的城市。但是，住在首都的只有贵族和官员，因此，平城京也是没有市民社会的政治城市。支撑这座都城的经济基础是各地上缴中央政府的庸、调等纳贡品，这也是朝廷发给官员的俸禄之源。

为了便于地方物资运往中央，并加强中央对地方的控制，统治者修建了七条以京城为中心联络地方和中央的道路，并在沿途设置了驿站，为往返京城与地方的官员提供方便。道路网的建设增强了地方与中央的联系，也带动了物资流通与经济发展。

这一时期，日本各地陆续开采出铁、铜、金、银、水银等矿业资源，以保障宫殿、官府、寺院等建设的需要，这些资源也是制造军事装备的必需品，采矿业随之兴起。为了获得更多的税收，中央政府设置了典铸司、锻冶司、造兵司，专门控制矿产资源。

随着铁制农具的广泛使用和灌溉技术的掌握，农产品的产量也有所增加。加之养蚕业的发展，农业经济呈现出一片繁荣景象。除农业之外，早期日本社会的另一重要的经济支柱是手工业。家庭式手工作坊生产简单的日用品，而中央政府的官方手工业作坊，则生产供皇室和贵族享用的高级手工产品。

由于交通的改善、手工业和农业得以发展，各地之间的贸易往来逐渐频繁，出现了"往来商贾，相继不绝"的场景。行商的大量出现，带动了坐商的发展以及集市的形成。

在京城，官员们从朝廷中领取的俸禄多为布、丝等单一物品，而游走各地的行商手中的物资则相当丰富。于是，在京城的东、西两侧开设了官市，官员们用手中多余的物品来换取丰富的生活用品。当时的贸易形式，主要是以货易货。708年（和铜元年），日本政府模仿唐朝的货币铸造了日本历史上最早的铜钱——"和同开珎"，并鼓励人们使用货币。但是，除了京城及周边少数地区之外，其他地方并没有流通。

8世纪之前，日本列岛上部分地区处于天皇的势力控制之外。

随着经济的发展和中央集权的巩固，天皇朝廷的版图扩张欲日渐膨胀。生活在本州岛东北地区的土著居民——阿伊努族人——被天皇朝廷视为异族并征服。同时，天皇朝廷还征服了南九州岛的原住民——隼人，将九州岛南部的西南群岛纳入控制。至此，奈良朝廷的辖地囊括了日本列岛的本州岛、四国岛、九州岛以及佐渡、隐岐、对马及其周围的岛屿。

当权者在开疆拓土中满足了自己的权力欲，却给人民带来了沉重的负担。朝廷所实施的改革都是为了加强中央集权，虽然促进了生产力的发展，可是，为了聚敛更多的财富，朝廷会不断地加大对农民的剥削，最终受益的永远都是皇族和贵族。所以，不堪调、庸和劳役之苦，农民纷纷举家逃亡，反抗统治者的剥削。

当时，日本人民的生活水平分为上上户、下下户、等外户等十级。据730年（天平二年）越前（今福井县一带）的记录，90%以上的家庭属于等外户，也就是需要立即救济的家庭。而750年（天平胜宝二年）安房（今千叶县一带）的记录也显示，80%左右的家庭属于等外户，下下户占15%以上。为了逃避租税负担，有的农民走进寺院，当上了僧侣；有的投奔到贵族的门下。税基的不断流失，严重削弱了奈良时代末期的中央财政。

大化改新时期的班田制度，到奈良时代也遇到了困难。虽然人口增长，但是农民大量外逃，导致很多田地被撂荒。而政府授予的口分田又严重不足。为了解决这一困境，723年（养老七年）朝廷颁布了鼓励开荒种地的《三世一身法》。规定新开垦的荒地，可传为子孙三代私有；开垦被撂荒的土地，可以一生拥有。

743年（天平十五年），又实施《垦田永年私财法》，进一步确定了土地的永久私有权。只要在身份地位规定的限度之内，开垦的土地就可以永久私有。这一政策变化，改变了土地国有制度，使其向私有化转变。一些贵族和大寺院抓住这个机会扩大自己的私有地，逐渐形成了庄园。而那些逃亡的农民也渐渐被庄园吸收。

此时，藤原氏家族在贵族争斗中逐渐占据了优势。在大化改新中立功的中臣镰足，被天皇授予最高官阶，并赐姓藤原。藤原镰足之子藤原不比等，也因在编制律令中卓有建树，而跻身元明女皇（707—715年在位）的右大臣之位，直接辅控朝政。

为了让其家族进入皇室，藤原不比等将两个女儿分别嫁给文武天皇（697—707年在位）及其子圣武天皇（724—749年在位），藤原氏家族以外戚和朝臣的双重身份掌控朝政。

藤原不比等的四个儿子均为朝廷高官：藤原武智麻吕（南家）、藤原房前（北家）、藤原宇合（式家）、藤原麻吕（京家），是政治势力最强大的四家。729年（天平元年），他们拥立自家姐妹——光明子——为皇后，开藤原氏族立后之端，打破了皇室不选皇族以外的女子任皇后的制度。738年（天平十年）2月，圣武天皇册立女儿阿倍内亲王为太子，因为圣武天皇和光明子之间没有其他孩子。748年（天平二十年），圣武天皇退位，阿倍内亲王即位为孝谦天皇。这时，掌握朝政的是藤原武智麻吕的次子藤原仲麻吕。758年（天平宝字二年），孝谦天皇因为要侍奉生病的光明皇太后，让位于天武天皇的孙子大炊王即淳仁天皇。

这一时期，由于天皇朝廷继续大力提倡佛教，佛教地位上升到了政治高度。受佛教的影响，光明皇后设立了日本最早的贫民救济机构——"悲田院"和贫民医疗机构——"施药院"。同时，国家也大力兴建寺院、建造大佛，对大寺院给予特殊保护，致使一些大寺院不仅拥有了众多奴婢和农民，还占有了大量的土地。

在奈良时代，日本朝廷依然不断地派遣使团到唐朝。中国的经、史、子、集各类典籍大量传入日本，也使唐文化风靡于日本上层社会。淳仁天皇即位后，藤原仲麻吕将百官名称更改成唐朝风格，凡事模仿唐风，奖励孝道，提倡文治武功，以借助唐风文化提升藤原氏政权的权威。自此，日本宫廷文化开始充满了深厚的唐风色彩，唐风也进一步促进了日本文化的发展。当时，改造汉字而成的日本文字，即"万叶假名"，开始被广泛使用。用"万叶假名"创作的文学作品《古事记》《万叶集》相继完成。但是，一些具有较高史料价值的作品，还是用汉文写成的。比如，模仿中国史书的体裁并引用了中国和朝鲜文献写成的《日本书纪》，以及记载当时日本风土人情、地貌环境等的《风土记》。

奈良时代还出现了一些杰出的歌人，如山上忆良、山部赤人、大伴家持等，他们创作了很多和歌形式的诗歌。

光明皇太后去世后，孝谦上皇对淳仁天皇不满，于762年（天平宝字六年）宣布亲掌政权。一直掌控皇权的藤原仲麻吕担心地位不保，开始酝酿一场政变。结果，孝谦先发制人，藤原仲麻吕被杀。藤原家族权势被短暂削弱，孝谦天皇再度复出，是为称德天皇。

到了奈良时代末期，桓武天皇①继位。当时的平城京，频繁上演着激烈的权力斗争，桓武天皇也被敌对贵族势力包围着，皇位尚未稳定。为此，桓武天皇实施了一系列改革措施，包括缩减财政开支、改革兵制、打击贪官污吏、禁止滥造寺院、限制寺院特权等。寄希望于通过整顿混乱政局、加强律令制，来巩固统治地位。但是，弊政已积重难返，改革效果并不明显。为了重振朝政，摆脱困境，桓武天皇决定迁都。

794年（延历十三年），在贵族支持下，桓武天皇将都城北移数公里，在大和平原北端紧靠琵琶湖南岸建设一座新城市，取名为平安京（今京都）。此后四百年，日本历史进入了一个新的时期——平安时代。

---

① 桓武天皇的父亲光仁天皇是天智天皇的孙子，母亲高野新笠却是朝鲜半岛移民。

这个时代的文化，最引人注目的特点就是唐风的盛行。无论是儒教、佛教、律令政治，还是学问艺术各方面，都是照搬唐朝的样式，或者稍加修改增删，总之无不与唐风有关。人们认为唐文化具有最高的水平，日本要尽早达到它那样的水平，是那个时代的目标。

——［日］坂本太郎《日本史》

9. 遣唐使

盛唐时期，中国的影响力辐射至东亚各国，在东亚地区形成了一个以唐朝为中心的共同文化圈。日本与中国的友好往来、文化交流也进入了一个空前繁荣的时期。

当时，日本正处在封建制度刚刚确立、中央集权正在巩固的阶段，而唐朝的政治制度已趋完备，科学技术颇为先进，社会文化富有国际色彩。日本对中国的发达羡慕不已，向中国学习、促进日本列岛的发展，成了日本对外交流的首要任务。

631年，舒明天皇（629—641年在位）沿袭"遣使入隋"的旧制，向唐朝派出了由留学生和学问僧组成的第一次"遣唐使"。此后，到894年（宽平六年），二百六十多年的时间里，日本总共派出20次遣唐使。其中，746年（天平十八年）、761年（天平宝字五年）、762年（天平宝字六年）和894年的四次派遣计划未能成行；另有两次，日本使节是因为护送唐朝使臣回国而抵达长安；还有一次是为了迎接遣唐使回日本而来到长安。扣除未成行的和非正式的遣唐使，日本先后派出的正式遣唐使共有十三次之多。

遣唐使来华路线主要有三条。第一条是北线：难波（今大阪）→筑紫大津浦（今福冈）→值嘉岛→壹岐→对马→济州岛→朝鲜半岛南端的百济→黄海→山东登州。第二条是中线：难波→博德→萨摩→种子岛→屋久→庵美→东海→长江口→扬州。第三条是南线：难波→松浦博多→值嘉岛（平户岛、五岛列岛）→东海→扬州。

遣唐使的成员包括官员、商人、巫师、医师、画师、乐师、翻译以及各行各业的工匠。留学僧、留学生往往长期居留唐朝，其他人则短期入唐，担任沿途护卫的弓射手通常随使节团往返。随团往返的舵师、水手，约占使团人数的一半。初期的使节团规模约为二百人，分乘两艘船；后来，船只增加到四艘，人员也增至五百多人。但是，获准进入长安的只是少数的主要成员。

日本留学生和留学僧通常在中国生活和学习二十年左右，回到日本后便成了传播中国文化的主力军。二百六十多年的遣唐使活动，为日本的中央政权和百姓生活带来了丰美的盛唐"给养"，使日本社会陶冶、浸润在唐风文化之中。

在政治上，日本朝廷以唐朝的制度为蓝本创制了自己的政治制度。比如，班田收授法和租庸调制，就参考了隋唐的均田制和租庸调制；从天皇朝廷到地方的官制也是仿照隋唐的官制改革而成的；《大宝律令》则基本是照搬唐朝律令制定的。

在奈良时代，掌握中国诗、文的多少，已经是日本贵族们显示其修养水平的重要衡量标准。日本人也开始模仿唐诗写作描绘自然、感怀人生的短诗。这类短诗在日本叫作短歌，后来广为流行的日本俳句也是由此演化而来。天智天皇时期，在京都设立的大学主要教授儒家的经典，也教授汉文、数学和法律等，教课内容与唐朝相仿。

唐朝的音乐、绘画、雕塑、书法、美术，以及天文历法、医学、数学、建筑、雕版印刷等先进技术和知识的陆续传入，极大地推进了日本社会的文明进步。生活用品中，最受日本人喜爱的莫过于唐服。直到今天，我们仍然能从日本的传统服装中看到唐服的影子。

来华学习的日本留学僧人先后有九十多人。其中，最著名的一位名叫空海。804年（延历二十三年），他随日本第十七次遣唐使来到中国，在长安青龙寺拜惠果为师，短短数月，尽得密宗玄奥。同年，返回日本时带走一百八十多部佛经、大批诗文和书法作品。在奈良附近的高野山，空海建立了一座规模宏伟的寺院，传播密宗教义，当年的大部分建筑至今犹存。由空海编纂的《篆隶万象名义》是日本第一部汉文字典，对唐文化在日本的传播做出了重要的贡献。

806年（大同元年），另一位留学僧最澄，将佛教天台宗带回日本。在京都东北比睿山峰附近的延历，最澄建造了著名的延历寺，规模也相当可观。由于采取高度折中主义的教义，天台宗吸引了大批的信徒，后来成为日本最强大的佛教宗派。

也有一些日本留学生没有回国。比如，阿倍仲麻吕就留在了中国，归化唐朝，做了日裔中国人。716年（灵龟二年），19岁的阿倍仲麻吕（汉名晁衡）来到唐朝留学。第二年到长安学习，不久之后参加了科举考试，并且金榜题名，从此开始了在中国的生活。随后三十年间，他先后在唐朝政府中担任光禄大夫、秘书监等职。由于诗文很好，又擅长歌咏，深受唐玄宗赏识，也与著名诗人李白、王维等人结下了深厚的友情。他在中国生活了五十三年，其间回日本一次。770年（宝龟元年），阿倍仲麻吕在长安去世，享年73岁。

日本遣唐使臣、学者、僧人的到来，也带动了唐人的泛海东渡。其中，最具代表性的人物是鉴真和尚。

鉴真俗姓淳于，广陵江阳（江苏扬州）人，生于688年。742年（天平十四年），日本留学僧荣睿、普照受本国佛教界委托来到扬州，恳切祈请鉴真及其高徒东渡传戒。鉴真为其渡海远来求法的真诚所感动，询问众僧谁愿前往，但无人响应，推说："彼国太远，性命难存，沧海淼漫，百无一至。"鉴真见状慨然表示："是为法事，不惜身命！诸位不去，我即去耳！"当年鉴真已经55岁了。此番征途并非易事，十一年里东渡五次都失败了，直到754年（天平胜宝六年）第六次东渡才抵达日本，当时鉴真已经66岁高龄。在第五次东渡时，鉴真双目失明。

鉴真的到来，开启了日本佛教史上的正规传戒。在此之前，日本的僧人中没有"具足戒"[①]等级的高僧。鉴真在日本受到天皇等

[①] 佛教的戒律主要分为五戒、十戒、具足戒三个等级，遵守的纪律等级各不相同。也就是出家人只有受过具足戒的，才能成为比丘、比丘尼。

上层人士的崇高敬意。754年，历尽艰辛来到日本的唐高僧鉴真在东大寺为孝谦天皇及其父母圣武天皇和光明皇后受戒，确立了佛教的地位，此后天皇、皇后、皇太子等都曾依次登坛受菩萨戒。鉴真不仅将佛法传播到日本，也把发达的盛唐文化带到了日本，包括建筑、医学、文学、书法、印刷等技术和知识，被日本人称为"过海大师"。

759年（天平宝字三年），鉴真及其弟子们在日本首都奈良建造了唐招提寺。该寺院集盛唐时期的建筑艺术和造型艺术之大成，是日本天平文化时期留下的宝贵的文化遗产。

鉴真精通医学，尤精本草，虽然双目失明，却有惊人的记忆力，凭借嗅觉、味觉和触觉来分辨各种药物，把中国的医药知识传授给日本人，促进了日本医药学的发展。14世纪之前，日本医药界一直把鉴真奉为医药始祖。直至17世纪，日本的药袋上还贴有鉴真的图像。763年（天平宝字七年）6月21日，鉴真圆寂于唐招提寺，享年76岁。

遣唐使团属于公费出国计划，对天皇朝廷来说意味着巨大的财政开支。从任命使臣到使团出发，通常需要准备两三年。准备工作包括造船，筹办礼品、药物，筹措所有人员的薪俸、留学生和留学僧在唐费用等。而且，航海的危险极大。在历次航程中，只有一次风平浪静、来去平安，其他各次航行中，船只都曾遭遇过可怕的危险。

后来，唐朝发生内乱，藩镇割据，农民起义，经济处于崩溃的边缘。日本朝廷乃于894年（宽平六年）终止了遣唐使活动。

遣唐使的终止并没有结束中国文化对日本的影响。在日本人的生活中，中国文化的痕迹随处可见。遣唐使节从唐朝带回日本的汉字、围棋、茶文化等已经融入了日本人的生活之中。

(三) 武家政治萌发

(8世纪初—1185)

贵族们例行日常公务之余，还攫取了许多私有土地，也就是庄园的产权，这为他们带来了巨额收入。掌握了财富和权势的京都贵族男女们，建造华丽的大厦，资助艺术活动，创造了日本高雅文化的黄金时代。

——［美］詹姆斯·L.麦克莱恩《日本史》

10. 庄园兴起

圣武天皇时期（723—743年）为了解决口分田严重不足的困境，朝廷先后颁布了鼓励开荒种地的《三世一身法》和《垦田永年私财法》。十年之后，756年（天平胜宝八年），在农民的反抗压力下，朝廷又将农民的杂徭时间减半，免除当年的调、庸；农民的生存境遇得到了一定改善，又有了种地的动力。

然而，朝廷新政策的最大受益者仍然是贵族、大寺院和神社。这一群体不仅掌握着政治权势和社会财富，还占有主要的农业生产工具，如镐、镰等铁制农具。为了继续扩大自己的领地，这些豪门贵胄利用新政策大肆圈占荒地和山林野地，驱使自家的奴婢、负债的农民和逃亡而来的外地农民进行大规模的开垦。

新开垦的土地中央建有住宅和仓库，私家庄园由此形成。得陇又望蜀，为了拓展庄园的规模，庄园主们开始采取强买或霸占的方式，肆意侵吞周边的国有口分田和农民自行开垦的土地。

这些私家庄园有的由庄园主亲自管理，有的派出亲信前往管理，有的就委托当地的能人来管理。庄园管理者称为庄长。归附庄园的垦荒农民，与庄园主签订合同，成为租用土地的"名主"，所耕作的土地称为"名田"。庄园主们不仅占据大量的土地，他们也是庄园所在地的主要掌权人，支配着当地的政治、经济和社会生活。

在庄园主们的蚕食下，大片的国有"公地"逐渐变成了庄园的私有土地。为了保障国库收入，天皇朝廷顽强地坚守着不断减少的国有土地，并规定庄园主必须向朝廷交纳田租，庄园的农民也要向国家交纳庸、调。同时，朝廷还委派检田使和征税使等各种"国使"进入庄园进行检田、收租和征调劳力。

"上有政策，下有对策。" 9世纪初，庄园主开始想方设法向朝廷申请免交赋税，为自家的庄园争取"不输"的特权。而朝廷为了阻止土地的私有化，则在10世纪初颁布了《延喜庄园整理令》，试图取缔非法的庄园。为了对抗朝廷的打压，庄园主们在争取"不输"权的同时，千方百计地阻止朝廷的检田使和征税使进入庄园，争取所谓"不入"的特权。

为了获得"不输不入"的特权，庄园主想出了"傍大款"的办法——将庄园在形式上进献给有权势的贵族、寺院和神社，称其为"领家"，每年给"领家"送去一定的年贡。当朝廷加大了对庄园的管理时，"领家"又将庄园进献给比自己更有权势的皇族或高官；这更高一级的领主被奉为"本家"。层层进献的庄园被称为"寄进式庄园",由此形成了领主等级式的土地所有制。

于是,同一块土地上,出现了名主、庄长、领家和本家等多级的权力者。当然,居于"本家"地位的权贵只是少数,而权位最高者通常也是最大的"本家"。10世纪之后,藤原氏再度成为中央政权中最有权势的家族,也是当时最大的"本家"。

"不输不入"特权庄园的出现,削弱了天皇朝廷的财政基础。为了巩固财政,天皇先后四次对全国庄园进行整顿。但是,积重难返,都无果而终。早先的班田制已经名存实亡,并在10世纪初期逐渐消失,天皇政权的经济基础也荡然无存了。到11世纪中叶,三分之二的日本土地已经尽归庄园所有;日本各地的权力越来越多地落入了豪门贵族和神社、寺院的手中。天皇及其朝廷则被架空为象征性的国家首脑和中央政府。

崛起的庄园主与衰落的天皇朝廷之间对土地的争夺,成了日本政治的长期焦点。为了收回原属公家[①]的土地,朝廷的命官千方百计地调查辖地庄园的土地来历,以各种理由将庄园土地划归国有。同时,严密监督庄园农民的服役情况。庄园主与地方官员之间的冲突此起彼伏。

为了抗拒官衙的压迫和搜刮,也为了互相争夺权势和领地,一些强大的庄园主、庄长和名主先后组织起以本族人为骨干的私人武

---

① 公家:通指天皇、朝臣和公卿贵族这一群体,这个称呼是相对新生势力集团"武家"而言的。

装力量。同时，还把手下的农民联合起来，组成叫作"郎党"的队伍，形成一个包含宗族、主从两种关系的武装组织。平时，农民仍然种地务农；当庄园与外界发生冲突时，便被召集起来，为保护庄园而战。

久而久之，这种武装组织日益制度化，"郎党"也渐渐脱离了土地，成为专职看家护院的打手，也即"武士"，以庄长、名主为核心的武装组织则被称为"武士团"。

不仅庄园有武士团，寺院也有自己的武士团。寺院拥有大量的土地，经济实力雄厚，它们的武装护卫队足以与衰弱的天皇朝廷和新兴庄园对抗。到了11世纪末，这些寺院军队成了日本的主要武装力量，甚至对首都构成了威胁。

在以实力说话的政治现实中，日本各地的武士团之间不断争斗，相互征服和收编，逐渐形成了控制某一地区的武士集团；武士集团的首领称为领主。

10世纪之后，庄园主们依靠私人武力，加之"领家"和"本家"的保护，最终获得了"不输不入"的特权，使庄园成为在政治上脱离了中央控制的"独立王国"。这一现象，引发了地方政府的效仿，官员们也争相组织自己的私人武装集团，壮大自己的家族势力。原本由天皇朝廷派到各属国的地方官们，也因长期生活于地方而成为当地的豪强，最终演变成割据一方的武士头领，也称为"武家之栋梁"。

10—11世纪，日本关东地区兴起的平氏武士集团与畿内地区兴起的源氏武士集团形成了对抗局面。其间，平氏由于同族内部斗争而纠集武士反抗京都的朝廷，被源氏乘机镇压。11世纪中叶，源氏武士集团在战役中壮大，并赢得全国声望，逐渐成为支配全国的武装氏族。

庄园制的形成和武士集团的兴起，使日本形成了新的经济、政治格局，天皇朝廷的律令制形同虚设，财政衰弱、军力式微。地方治安一派混乱，一直不稳定的天皇政权再度陷入风雨飘摇之中。

550年时，日本总人口约为200万，1000年时人口增至500万左右。人口的增长加大了环境的压力，住房建设提高了木材需求量，大和地区及其周围的木材已经砍伐殆尽。人们开始认识到植被保护的重要性。821年，天皇下诏宣称：保护水体的基本原则是河流与森林的共存，山区草木应该永远维持繁荣葱翠。

——［美］罗兹·墨菲《亚洲史》

11.摄关政治

为了加强皇权巩固统治地位，桓武天皇（781—806年在位）、平城天皇（806—809年在位）执政时期，相继简政裁员，励精图治，设置观察使监督地方官。之后的嵯峨天皇（809—823年在位）努力重建律令制，对原有的律令进行修改；修改后的法令称为"格"，实施细则称为"式"。先后发布了《弘仁格式》《贞观格式》和《延喜格式》，统称为"三代格式"。

嵯峨天皇时期还设立了可自控的机构——藏人所，配置了相当于天皇秘书的"藏人头"一职，以削弱掌控实权的尚侍的权限。尚侍是负责天皇、上皇与公卿们的联络工作的要职，拥有奏请和传宣的权力。"藏人头"同样负责朝廷的机密文书、处理诉讼工作，既是天皇的亲信，也是朝廷的首席执行官。由于备受嵯峨天皇的信任,藤原冬嗣出任该职。藤原冬嗣是藤原家族北家[①]的后人,是藤原不比等次子藤原房前的重孙子。藤原北家借此于9世纪重新崛起。

藤原家族在藤原不比等时期,就以嫁女儿入皇宫的方式插手朝政。藤原冬嗣及其子藤原良房,依然沿袭这种做法,先后嫁女儿入皇室以便控制皇权,同时,在朝中不断排除异己,干预皇子的推立、天皇传位。

850年(嘉祥三年),藤原良房胁迫文德天皇(850—858年在位)册封其9个月大的外孙惟仁亲王为皇太子。857年(天安元年),藤原良房升任太政大臣。次年8月,文德天皇突然死亡,年仅9岁的惟仁亲王即位,称清和天皇(858—876年在位)。藤原良房得享太政大臣和天皇外祖父的双重身份。此后,藤原良房不断铲除朝中异己势力,于866年(贞观八年)正式"摄行天下之政",开非皇族而摄政的先例。

藤原良房去世后,其子藤原基经更是咄咄逼人、左右朝中大事。877年(元庆元年),藤原基经胁迫清和天皇退位,立9岁的皇太子为阳成天皇(876—884年在位),自己以舅父身份继续摄政。八年后,藤原基经又废了刚刚懂事的阳成天皇,拥立55岁的时康亲王为光孝天皇(884—887年在位)。光孝天皇对藤原基经感激不已,下诏让其"摄行万政"作为报答。

三年后光孝天皇去世,宇多天皇(887—897年在位)即位,迫

[①] 藤原北家,藤原四家之一。以藤原不比等次子藤原房前为始祖的家族,因房前宅邸在兄长藤原武智麻吕之北而得名。

于藤原基经的压力，设立了与太政大臣同等重要的官职"关白"，由藤原基经担任。天皇幼年时，辅政者称"摄政"；天皇成年后，辅政者称"关白"。直至11世纪末两百多年的时间里，藤原家族独揽"摄政"和"关白"之职，史称"摄关政治时代"，藤原家族被称为"摄关家"。

藤原基经死后，醍醐天皇（897—930年在位）、村上天皇（946—967年在位）加强了亲政的力量，废除"关白"一职，试图动摇藤原家族的专权。但是，藤原家族的势力早已根植于皇室内外，多年来借助特权庄园夯实了经济基础。作为最大的庄园领主，藤原家族已经拥有了天皇政权根本无法撼动的地位。

到了藤原道长摄政时期，先后三个女儿当上了皇后。其中，长女藤原彰子嫁给了一条天皇，一条天皇是藤原道长姐姐藤原诠子的儿子，当时，一条天皇已经有皇后藤原定子[①]，但是在藤原道长推动下，藤原彰子也被立为皇后，开了日本"一帝二后"的先例。1016年（长和五年），藤原彰子之子9岁的后一条天皇继位。

当时，一条天皇有两名皇子，即藤原定子所生的敦康亲王和藤原彰子所生的敦成亲王（后一条天皇），前者比后者年长九岁，但是藤原定子和敦康亲王的外祖父藤原道隆已去世。一条天皇因宠爱藤原定子而希望立敦康亲王为皇太子，便与信任的近臣藤原行成商量立皇太子一事。藤原行成通晓朝权政治，虽然知道一条天皇的心

[①] 父亲藤原道隆是藤原氏九条流藤原兼家的嫡长子、藤原道长的哥哥。当时，侍从藤原定子的是《枕草子》的作者清少纳言。而侍从藤原彰子的则是《源氏物语》的作者紫式部。

意，却还是劝阻道："承继皇统者非在嫡出与否及帝之宠爱多深，而在其外戚（母系的亲戚）是否为重臣。"一条天皇听罢也不再坚持。

1017年（宽仁元年），藤原道长将摄政职位让于长子藤原赖通，自任太政大臣，藤原氏专权进入全盛时期。

1018年（宽仁二年），藤原道长迫不及待地为11岁的后一条天皇举行了成人仪式，随后将女儿藤原威子送入其后宫。这样，后一条天皇既是藤原道长的外孙，又是他的女婿。

在藤原威子被拥立为后时，满朝文武前往府上襄贺，藤原道长即兴作歌"此世即吾世，如月满无缺"。自此，摄关家权倾朝野，朝廷政治出现了一边倒的状况，天皇只是流于形式的存在。

这一时期日本宗教又有了进一步发展。与奈良时代的佛教不同，此时的寺院不再建筑在宫廷或各地首府附近，而多数建于深山之中。但是，仍与皇亲贵族亲密接触，以咒术和祷告为特色的天台宗和密宗，多半热衷于为权贵们治病和禳灾。

同时，佛教还与日本土生的神道教结合，形成了所谓"本地垂迹说"，宣扬佛和菩萨是为了拯救日本的芸芸众生化身为神来到日本。皇室的祖先神——天照大神——被视为佛教如来的化身，被供奉为神道寺院的镇守神。

由于政治混乱，瘟疫、天灾不断，人们的内心缺乏安全感。因此在民间，净土教广为流传，劝人远离政治、厌弃污浊的现世，一心向佛、求得阿弥如来的保佑，死后飞升极乐净土。

在国际方面，随着中国唐朝的衰微，日本官方遣唐使终止了外交活动。但是，到960年（天德四年）宋朝开国之时，中日民间商船又是往来频繁。此后两百多年间，日本国内充分消化唐朝文化，形成了平安时代的所谓"国风文化"。

　　国风文化的一大贡献就是促进了日本文字进一步简化，形成了所谓的"平假名"。人们开始用更加简便的假名写作日记、诗歌，和歌也得到了发展，形成纤细、精巧的风格。代表性的作品为905年（延喜五年）成书的《古今和歌集》。11世纪中叶，贵族文化成为国风文化的主流。日本文学名著作品《荣华物语》，就是记载了藤原道长登上权势顶峰的过程，描绘了摄关家族的荣华生涯。

院政打击了摄关政治，然而，百年院政本质上与摄关政治并无二致，同样是庄园领主的政权。

——吴廷璆《日本史》

12.院政时代

1028年（万寿五年）1月，藤原道长病死，其长子藤原赖通继续担任关白，"摄政"三代天皇，把持朝纲五十二年之久。但是，藤原赖通的女儿藤原嫄子虽然嫁入皇室为朱雀天皇（930—946年在位）的妃子，却未能生下可以继承皇位的皇子。这为之后天皇打破摄关家对朝政的垄断扫除了先天障碍。

尽管藤原赖通努力将政权集于自身，且表面上权倾天下，但是，历经一百七十多年，由藤原氏摄关家统治下的日本社会，早已积蓄了普遍的不满，特别是仕进无门、长期受压的中小庄园主们更是满腔愤懑、渴望变革，各地方的世情陷入不安之中。

1068年（治历四年），与藤原家族没有血缘关系的后三条天皇壮年即位，开始尝试从藤原家族手中夺回政权。

支撑摄关家权势的经济根基，是遍布日本各地的私家庄园。私家庄园与摄关家保持着经济效忠与政治庇护的利益关系。这种利益勾结，侵蚀着天皇朝廷的财政基础。于是，后三条天皇决定将巩固朝廷财政根基作为改革入口。

1069年（治历五年）2月22日，后三条颁布了内容严厉的《延久庄园整理令》，设立类似于国土管理局的"记录庄园券契所"。任命亲信担任稽查官员，严格审查各庄园领主、国司乃至摄关家的庄园文书。发现证书不全，便没收庄园，即使是摄关家的庄园也不能豁免。尊奉摄关家为"领家"的庄园主们看到天皇权威有恢复的趋势，便随风转舵，纷纷与摄关家脱离关系，转而把庄园"寄进"给天皇，"换汤不换药"等于是追捧天皇为自己的新"领家"。归附天皇的中、小庄园主及其武士集团，成为天皇政权继续改革的政治依靠。此次整治收效明显，不仅夯实了皇室的经济基础，也打击了摄关家的权威。

1073年（延久五年），后三条天皇去世，白河天皇即位。1086年（应德三年），为了彻底摆脱摄关家的控制，白河天皇让位于年仅8岁的堀河天皇，自己以"上皇"（太上皇）的身份继续掌管朝政。这次皇位禅让，实际上是一种"明修栈道，暗度陈仓"的政治手腕；针对摄关家的控制，天皇索性将计就计，让出皇位带走实权，使得摄关家的控制目标完全傀儡化，自己则"金蝉脱壳"、创新制度、获得新的权力空间。

上皇的居所称为"院"，上皇"执天下政"时期，史称"院政时代"。上皇的办公机构称为院厅，院厅中的官员称为"院司"，院司多由上皇的亲信担任，院厅发出的文书称为"院厅下文"，上皇的指令称为"院宣"。院厅还设置"北面武士"[①]等机构，依靠新兴的武士集团为武力支柱。

院政时代持续了将近一百年，共经历了白河上皇、鸟羽上皇和后白河上皇三代。三位上皇都具有强烈的专制性格，随着上皇权势的日渐强大，"院厅下文"和"院宣"也更具权威性。摄关家虽然继续把持摄政和关白之职，但是，由于中小庄园领主纷纷投靠上皇，摄政、关白府第"门前冷落鞍马稀"，日薄西山暮气沉。

院政时代初期，上皇已经独揽大权，但是由于白河上皇与藤原赖通的儿子藤原师实的关系紧密，因此，藤原师实还能任关白左大臣，置于群臣首位，在运行政事之时白河上皇也会参考藤原师实的意见。1094年（嘉保元年），藤原师实与儿子藤原师通相继去世，年少的孙子藤原忠实因没有任何朝政根基而无法延续祖辈的权势。

为了扫荡摄关家的基层势力，上皇又推广"知行国"制度，把各个属国及其税收封赏给大贵族和武士首领。这些大贵族和武士首领就派儿子或亲戚前往封国担任"国司"，与摄关家的地方势力分庭抗礼。

正所谓"前门拒狼，后门引虎"，上皇对武士集团的过度依赖，渐渐又为武家干预政治大开便利之门。11世纪中叶，实力雄厚的武士首领源氏就以"天下第一武勇之士"的身份出入朝廷。到12世纪初，源氏家族中担任重要官职的人数已经超过了藤原氏摄关家。而另一个强大的武士集团——平氏家族，也在朝廷中赢得了举

[①] 指居于太上皇宫殿北面，担任太上皇警卫及扈从的武士。

足轻重的地位。

在政权斗争尚未平息之时，三位上皇又相继到寺院出家做了"法皇"，利用佛教加持巩固自己的权力和地位，继续把持朝廷政权。但是，为了在寺院的生活更加舒适，上皇们需要不断地获取钱财修建大寺院。于是，上皇们常常任命有钱的贵族去担任"知行国"的国司，朝廷中随即大兴卖官鬻爵之风，吏治腐败。而且，信佛的白河法皇禁止伤害一切生物，又令犯禁者杀无赦，所以，渔夫和猎户从此便失去了谋生之路，渔猎供应断绝，国人吃不到鱼、肉，怨声载道。

白河天皇从退位为上皇之日起，又实际控制朝权四十三年，继历堀河天皇之后，又立儿子鸟羽和孙子崇德为天皇。

1129年（大治四年），白河法皇去世，鸟羽法皇同样随心所欲操纵朝政。1141年（永治元年），鸟羽要求崇德天皇让位于年仅3岁的弟弟近卫天皇。1155年（久寿二年），17岁的近卫天皇去世，鸟羽法皇无视崇德上皇的存在，推立其弟弟后白河天皇继位。由此埋下了两兄弟相互仇恨的种子，两方支持力量长期的对立被激化，导致皇室内斗、兄弟相残。1156年（保元元年），鸟羽法皇去世，身为兄长的崇德上皇与弟弟后白河天皇之间爆发战争。结果，弟弟后白河天皇先发制人，打败对方，将哥哥崇德上皇流放到赞岐（今香川县），史称"保元之乱"。

"保元之乱"看似一场简单的皇位之战，实际上是一场积蓄多年的武士集团之间的斗争，是众武将以京都为战场的武力冲突。因此，"保元之乱"亦被视为日本"武者之世"的开幕之战，僧人慈圆在《愚管抄》中称"日本国乱逆势起后，武者之世到来"。

在"保元之乱"中立下战功的源义朝，不满受封官位低于平清盛，投靠藤原信赖。1159年（平治元年），乘平氏离京城参拜神社之机，源氏与藤原信赖联手拘禁了后白河上皇、二条天皇，引发"平治之乱"。

平清盛得知消息后，立刻率兵回京，杀死源义朝、藤原信赖。平氏势力急剧膨胀，确定了霸权地位。然而，源氏的故事并没有就此终结，源义朝的儿子——13岁的源赖朝（1147—1199）——被流放至伊豆半岛（今静冈县），为日后源氏的再度兴起埋下了希望的种子。

将欲取天下而为之，吾见其不得已。天下神器，不可为也，不可执也。为者败之，执者失之。

——《道德经》

13. 平氏政权

"平治之乱"之后，平氏武士集团的首领平清盛，在朝廷中的地位如日中天。先后出任纳言、内大臣以至太政大臣，官职之显不逊于昔日的摄关家。

为了全面培养自己的势力，平清盛将长子平重盛、次子宗盛及弟弟经盛、赖盛等亲属安排到朝廷里担任内大臣、左大将、权大纳言、中纳言等要职。仿效藤原家族与皇室联姻、掌控大权，女儿德子嫁入皇宫成为高仓天皇（1168—1180年在位）的中宫。

1180年（治承四年），德子生下一皇子。同年，在平清盛主持下，襁褓中的小皇子即位为安德天皇（1180—1185年在位），高仓上皇被迫离开院政。平氏独揽大权，鼎盛时期平氏家族有公卿十六人，殿上人三十余人，堪称满门荣华。以至于平清盛的妻弟平时忠扬言称："非此一门，皆非人！"因平清盛的官邸设在京都的六波罗，故又称为"六波罗政权"。

平清盛在政治上鲜有创新，所追求的只有骄奢淫逸的贵族生活及其一族的利益。据统计，当时平氏家族门下的庄园达五百多处。全国一半的"知行国"处于平氏家族的控制之下。

平氏在掌控国内经济的同时，也加大与宋朝的贸易往来。为了确保濑户内海航线的安全，平清盛在轮田泊（今神户市）等处修建港口。随着日中贸易的发展，平氏政权获得了大量的贸易利益。伴随贸易而来的还有大量流入日本的宋朝货币，其逐渐取代了日本的实物货币。

作为武士集团的首领，平清盛的武装力量集中在畿内、西国。为了继续拓展势力，平清盛把自己的武士家臣派到一些贵族庄园里做"地头"，加强对各地庄园的管理。此时武士的地位依然是卑贱的打手，并不受贵族们尊重。平清盛虽然是武士集团的首领，但因其职位显贵而高高在上，代表的只是大贵族阶级的利益。武士们因只被利用不被尊重，便对平氏专权心生不满。

平氏的独裁也长期压制着天皇、法皇和大贵族们的权势。为了捍卫自己的利益，上层势力不断发起反平氏斗争。1177年（治承元年），后白河法皇的近臣们密谋打倒平氏，遭到平清盛的镇压而失败，史称"鹿谷事件"。1179年（治承三年），以法皇为中心的势力再次展开反平氏的活动，平清盛率兵攻入京都，幽禁了后白河法皇，废除了院厅，罢免了摄政、关白等众多贵族的官职。

这时，距"平治之乱"结束已过去二十余年，源氏的族人为复仇已蓄集了充足的力量。源赖政因为当年没有参与叛乱，被族人视为叛徒，后投靠平氏。平清盛赏识他对平氏的忠诚，赐给他一块伊豆地区的领地，命他为东国的监察官，监视源氏动向。二十年间，源赖政忍辱负重、省吃俭用储备力量，等待时机。

1180年（治承四年），日本各地反平氏的斗争风起云涌，77岁的源赖政乘机起事，拥立后白河法皇的第二皇子以仁王，并以新天皇的名义"旨令"各国讨伐平氏。平清盛兴兵镇压，源赖政战死，以仁王自杀。但是，呼吁起兵的"旨令"已经传到各地，不满平氏专权的地方武士相继起兵。

当年因年幼被流放伊豆半岛的源赖朝，此时也已在关东地区形成势力。1180年8月，与岳父北条时政举兵讨伐平氏。先在石桥山一役中惨败，但是不久后，在富士川之战中大败平氏大军。

四面楚歌的平清盛，于1181年（治承五年）病死。1183年（寿永二年），源赖朝的堂兄——源义仲——铲除了北陆地区的平氏势力，随后攻占了京都。源义仲英勇善战，但是缺乏应对复杂政治局面的能力，未能处理好与后白河法皇及贵族们的关系，又因皇位继承问题同法皇发生冲突。于是，后白河法皇诏命占据关东地区的源赖朝来京都晋见，故意挑起源义仲与源赖朝之间的内斗。1184年（元历元年），源氏"二虎相争"，源义仲战死在近江国的粟津。

之后，平氏四万大军反攻到京都附近，源赖朝受后白河法皇之命，出兵征讨平氏，在一谷要塞打败平氏军队。1185年（文治元年）2月，源赖朝之弟源义经、源范赖在长门国（今山口县），成功扫除平氏的残余势力。同年3月，平氏家族成员与安德天皇一起沉海自尽。

㈣ 武士的历史舞台

（1185—1869）

幕府，在中国原意为战争中的将军幕营。在日本，则是指将军（征夷大将军）的府署，又是将军的异称，从镰仓时代起，以武士为统治阶级的武家政权都称为幕府。

——［日］井上清

14. 镰仓幕府

消灭平氏、成为左右岛国政局的人物之后，源赖朝并未接管京都政府，而是在当时仍属边远地区的镰仓（今东京南郊）建立了自己的大本营和根据地。

1180年（治承四年），源赖朝在自己的幕府帐下设立了相当于军部的"侍所"，任命亲信和田义盛为长官，平时统领源氏武士集团，战时指挥作战。1184年（元历元年），又设立"公文所"，后改称"政所"，请来京都的政治家大江广元任长官，主理行政事务。同年，设立司法机关"问注所"，请来京都的法律家三善康信任长官，处理司法事务。自此，镰仓幕府的政治班底初步组成。

源氏武装别开生面、另立政权的行为，令后白河法皇及大贵族们深感不安。于是，策划再用离间之计削弱源氏政权，以保护自己的统治地位。

源赖朝的胞弟源义经，曾屡立战功，被誉为消灭平氏的最大功臣。平氏灭亡后，一山不容二虎，源义经离开哥哥到了京都，受到后白河法皇的重用，源氏兄弟也渐行渐远。

1185年（文治元年），后白河法皇发出院宣，命令源义经统率九州、四国的武士征讨源赖朝。但是，各地武士拒绝从命，而源赖朝在得到消息后派遣大军奔袭京都。面对来势凶猛的哥哥，源义经逃离京都，投靠奥州的藤原秀衡。源赖朝的军队进入京都后，后白河法皇心虚胆怯，狡辩称讨伐源赖朝并非自己的本意，纯属被迫。

因为需要继续利用天皇朝廷，源赖朝没有处治被他称为"日本第一号大天狗"的后白河法皇。但是提出条件：要求院政下令追捕源义经；要求朝廷给予自己向各属国派遣"守护""地头"，以及征收赋税和军粮的权力。经过这一次的战争洗礼和政治交锋，镰仓幕府政权的合法性得以确立，岛国合法的军、政、财权尽入掌中。

1189年（文治五年），源赖朝命令奥州的藤原氏交出源义经。源义经随即被藤原秀衡之子泰衡杀死。但是，源赖朝仍以隐匿源义经为罪名，亲率大军灭掉了奥州的藤原氏，彻底确立了自己的实际统治地位。经过十年的征战，岛国已经没有可与之抗衡的武装势力。

1192年（建久三年）3月，后白河法皇去世，以院厅为首的天皇朝廷的公家势力日渐衰落。同年，源赖朝推举亲镰仓的九条兼实为摄政，并嘱咐说："这次乃是草创天下。"7月，后鸟羽天皇授予源赖朝"征夷大将军"称号，一个完全独立于朝廷之外的政权——镰仓幕府——正式成立，开启了日本历史上军人专政的幕府时代。

幕府的将军，是武士的首领和利益代言人；镰仓幕府是以将军为核心建立起来的军人互惠组织。这个组织的实质是将军与"御家人"的互利关系。御家人是源赖朝的武士家臣,在内战中与源赖朝结成主从关系。这些武士家臣也是各地的领主、庄长或名主,拥有自己的小型私人军队。

为了保证御家人效忠自己,源赖朝宣布"私领本宅,领掌如故",确认家臣们原有的土地所有权,并根据战功授予御家人新的领地。同时,还将御家人派往各地出任"守护"或"地头"等官职。作为回报,御家人每半年前往京都或镰仓,担任警备任务,费用自理。战时,御家人要率自己的私人武装为将军出生入死。

"守护"和"地头"制度是镰仓幕府的吏治基础。"守护"是派到各国衙领的代表,对该国的御家人进行管理和维持社会治安。"地头"是派到各庄园和公领地的监管人,对辖地有领主权,有镇压反抗、追捕强盗的警察权,负责征收赋税和军粮。

镰仓幕府的统治并未完全取代律令体制,京都皇室政权也依然存在。而且,幕府的统治合法性仍需天皇的精神权威来支持和认可。因此,日本政治依然沿袭着传统的双重政权体制。

镰仓幕府以武力为支柱,在大政方针上迫使皇室服从。在地方上,在皇室、贵族及大寺院、神社名下的庄园领主的势力仍然强大,与幕府派到地方的"守护"和"地头"们分庭抗礼。此后的几个世纪中,双方时常发生权力冲突。

镰仓幕府的经济基础主要是将军的直辖领地和封地,即"关东御领"和"关东御分国"。平氏灭亡后,朝廷将平氏的领地赐给源赖朝,加之以源赖朝为本家或领家的庄园和公领地,统称为"关东御领"，在日本各地有五百多个庄园。"关东御分国"是朝廷授予源赖朝的知行国，即封地。最初有伊豆、相模、上总、信浓、越后、骏河、武藏、下总、丰后共九国，后来去掉了丰后。这两部分直辖领地的收入是幕府的主要经济来源。

为增强幕府的经济实力和增进御家人的福利，幕府鼓励开荒，扩大耕地面积，促进了农业生产，产生了大批剩余农业产品，手工业和市场得以充分发展。这一时期的京都，呈现出一片繁荣景象，不仅居住着天皇和摄关家等贵族权贵们，还聚集着工商民、牛饲童、赌博者及处理牛皮革的河原细工丸等。大街小巷中酒屋鳞次栉比，还出现了鱼铺以及磨针人和铜艺人的作业场所。

源赖朝担任征夷大将军后，有意将女儿嫁给后鸟羽天皇，希望以外戚身份进入朝廷。但是，当时反对镰仓的源通亲掌握天皇朝政，阻断了源赖朝与皇室的联姻之路，维持了朝廷与镰仓幕府的对立局势。

源氏所建的政权独立于王朝国家之外，是真正的武士政权。源氏所走的道路决定了日本历史发展的方向：使日本最终脱离了东亚历史的常规，成为尚武而非尚文的国家。

——沈仁安

15. 承久之乱

1199年（正治元年），源赖朝去世，18岁的长子源赖家继任为第二代将军。少年源赖家虽心怀伟志，却无乃父的政治才能和权威。上台伊始，权位未稳，便贸然扩大独裁权力，排挤幕府元老，引发政局动乱。

为了守住镰仓幕府，已经出家为尼、人称"尼姑将军"的源赖朝遗孀北条政子（1157—1225）决意重出江湖，以辅政为名垂帘听政，剥夺了源赖家的权柄。北条政子借辅政之机与其父北条时政（1138—1215）共同建立了由十三名元老组成的"御家人合议制度"。镰仓政权从此落入北条氏之手。

北条时政是源赖朝举兵、创立幕府政权的功臣。1185年（文治元年）受源赖朝指派前往京都，任首任京都守护。1200年（正治二年），借女上位的北条时政除掉支持源赖家的梶原家族。1203年（建仁三年）8月，源赖家重病中，北条时政乘机立源赖家弟弟——

11岁的源实朝——为将军,自己以辅助将军的名义掌握幕府大权,号称"执权"。不久,源赖家被幽禁在修禅寺(位于静冈县伊豆市)。翌年,北条时政杀害源赖家。北条时政以为可以独掌幕府政权时,最终还是迫于女儿北条政子的压力而引退。

1213年(建保元年),北条时政之子北条义时(1163—1224)杀死统管军事的侍所长官、镰仓幕府的元老和田义盛,夺得"执权"的地位,成为幕府的主宰者。1219年(承久元年),源实朝被暗杀,源氏幕府的正统血脉至此断绝。

为了巩固篡得的幕府地位,北条义时希望得到皇室的精神支持,便鼓动后鸟羽上皇的皇子就任镰仓将军,但是,被决意推翻幕府统治的上皇拒绝。最后,拥有皇室血统的摄关家两岁的九条赖经被立为将军,北条义时以"执权"的名义掌握镰仓幕府的实权。将军从此成了虚职,而"执权"则成为北条氏世代承袭的禁脔。

与此同时,京都的后鸟羽上皇不甘政权旁落,励精图治,企图挽回朝廷的权力。1198年(建久九年)开始,后鸟羽上皇把分散的皇室领地收归上皇,并通过恩赐土地的方式收买对北条家族不满的御家人和武士,以壮大自己的势力。此外,对院政军事机构也进行了调整,除"北面武士"之外,又设置了"西面武士"以扩充军力。1221年(承久三年)5月,后鸟羽上皇迫不及待地向各国武士颁布了讨伐北条义时的院宣,举兵讨幕。时值承久三年,史称"承久之乱"。

后鸟羽上皇没想到,自己高估了皇室的号召力。院宣发出后,响应的武士寥寥无几。与之相反的是,64岁的"尼姑将军"北条政子召集御家人，声泪俱下地讲述幕府建立前御家人的悲惨生活，颂扬源赖朝的恩德。然后警告大家：幕府如果失败，武士们将要忍受贵族的任意驱使，卑贱的生存时代必将卷土重来。

经北条政子的动员，以御家人为核心的武士阶级会聚幕府旗下，在北条义时的率领之下，其长子泰时（1183—1242）为大将，其弟时房为副将，幕府军从镰仓出发，兵分三路向京都挺进。途中，各地武士纷纷加入，兵力迅速增至十九万人，显出排山倒海的气势。对阵的皇室军队不过万余人。从镰仓备战、出发到占领京都，不到一个月，幕府军便以绝对优势结束了战斗。

占领京都后，幕府将后鸟羽、土御门、顺德三位上皇分别流放到孤岛上，废除了仲恭天皇，另立后掘河天皇。对参加讨幕的贵族和武士处以斩、流之刑。被没收的领地达三千多处，全部并入幕府的直辖领地，任命平乱有功的御家人为新领地的地头，称"新补地头"，以区别源赖朝时期的"本补地头"，并重定新的地头俸禄标准。武士控制的土地大为扩展，幕府的势力也延伸到了畿内和关西地区。

承久之乱的胜利，使幕府掌控了皇位的继承，得以介入皇室朝政。于是，幕府在京都设立了代理机构——"六波罗府"，由北条义时之弟北条时房及其子北条泰时担任长官，取代过去的京都守护，负责保卫京都的安全、监督皇室。此外，还负责管理西国御家人，执掌西国的行政、司法等事务。北条氏世袭这一官职。

此后，幕府进入了安定时期，并逐渐取代了天皇朝廷的统治地位。

1224年（贞应三年），北条泰时出任"执权"，实行了一系列的改革措施，发展了武士政权。1225年（嘉禄元年）设置了辅佐政务的"连署"之职，由其叔父北条时房担任，并任命十一名熟悉政务的御家人组成"评定众"，作为幕府的最高决策机构，与执权、连署协商决定重大行政、司法事务。"连署"和"评定众"的设置，使幕府的统治由将军独裁制过渡为内阁协商制。

1232年（贞永元年），北条泰时制定了镰仓幕府的基本法典《贞永式目》，又称《御成败式目》。该法典要求各级武士严守职责，向公背私，不得越权妄为。将御家人的土地所有权、守护职、地头职以及对领地的诉讼等内容写成通俗易懂的成文法，还明文规定了幕府同御家人之间的封建主从关系。这是日本历史上最早的一部武士法，对后来的武士政治产生了深远的影响。

北条泰时执政十八年间，主张"抚民""仁政"。制止了庄官地头对农民的过分剥削，制订、实施了武藏野新田开发和治水计划，推动了农业的发展，促进了手工业和商业经济的繁荣。

到了北条泰时的孙子北条时赖（1227—1263）执权时期，镰仓幕府的制度与法令得到了进一步完善。设置了由数名官员组成的"引付众"，协助"评定众"审理文书及裁判。为了加强北条氏的执权制管理，时赖还剪除了北条旁系家族的势力，废除了藤原家族出身的将军，拥立顺从幕府摆布的皇族亲王为将军。

随着幕府政权的法典化和规范化，武士对镰仓将军的个人忠诚也转变为对幕府体制的忠诚，而北条氏对幕府执权的嫡长子世袭制，即"得宗专制"，也逐渐巩固下来。

武士的行为，无论在小说戏剧里如何壮烈，如何华丽，总掩不住这一件事实：武士是卖命的奴隶。他们为主君、为家名而死，在今日看来已经全无意义，只令人觉得他们做了时代的牺牲，是一件可悲的事罢了。

——《周作人论日本》

---

16. 武士社会

镰仓时代的武士，是日本社会的上流人士。随着镰仓幕府的建立，武士阶级的地位得到了前所未有的提高。此时的武士已经不再是农民，但是，他们的权力和经济基础仍然依附在土地上。

在幕府的庇护下，当上御家人的武士不仅保住了原有的土地，更进一步确立了庄官或名主的地位。有些御家人还兼任了幕府的地头和庄园的庄官，成为管辖一隅的地方官吏。

富裕的御家人拥有宽敞阔绰的宅院，宅院的周围筑有坚固的土墙、篱笆或壕沟。院内有主人的住房、种田的下人配房、牛马房、农具棚和库房，以及织布、打铁的手工业作坊。宅院附近有武士的"直营地"，由其下人耕种。这种田地不用上缴年贡，也没有其他税费负担。而作为地头和庄官，由其管理的土地则要向国司或庄园领主缴纳年贡，数额为收获的90%，剩余的10%归自己。

为了增加个人收入，作为"地头"的御家人总是变着法儿缓交或者不交年贡，使得国司和庄园领主实际收纳的年贡越来越少。同时，地头也不断地加强对农民的剥削和克扣。因此，地头与庄园领主之间纠纷不断，与农民的矛盾也日益突出。

作为武士集团的核心和幕府的家臣，御家人的身份实行族长世袭制。御家人去世之后，其地位由同宗族的族长继承，族长被称为"惣领"。御家人的遗产则由其子女继承；当时女性的地位并不低下，不仅可以分得财产，有的还当上了御家人或地头，出嫁后仍使用娘家姓氏。继承遗产的人和所有"家人"都要听从"惣领"的指挥。

"惣领"统管本族武士的一切事务，负责祭祀祖先，带领子弟到京都或镰仓承担警备义务，战时率本族武士参战。作为本族武士的首脑，"惣领"直接向幕府负责。这种"惣领制"结合宗亲社会的传统，细化和完善了幕府的御家人制度。

脱离农业生产的武士，成为生活在民间的职业军人。他们住在武士馆中，过着极其俭朴的军旅生活。平常苦练骑马、射箭等武艺，视武艺高超为美德，定期参加幕府举办的武术比赛。

当时，禅宗已从中国传入日本。主张坐禅修炼的禅宗正好适应了武士们苦练武艺的需要，于是，镰仓幕府将禅宗奉为武士的宗教，在武士中推广。同时，幕府还大力宣扬崇尚武艺的精神，要求武士"忠于主君，不惜死亡，崇尚武艺，勇往直前，少欲望，懂廉耻，严守纪"。"武家习气""弓矢之道"等新观念在武士阶级中逐渐扎根，成为维持武士团的思想支柱，也为日后武士道的形成播下了种子。

由于武士的文化水平很低，对文化发展少有什么贡献。倒是以皇室贵族为代表的公家文化，在这一时期出现了以战乱为主题的所谓"军记物语"，比如，以平家兴衰为题材的文学作品《平家物语》。到了镰仓幕府中期，部分武士对学习文化产生了兴趣，开始学习来自中国的朱子学说。

这是日本有史以来第一次遭受外族的侵犯。日本人把这一场未遂的侵犯，把蒙军不识天象，归功于"神风"的保佑。……700多年前这场从天而降的"神风"，把日本人刮得晕晕乎乎，以至于后来很长一段时间不能清醒过来。

——李兆忠《暧昧的日本人》

17. 元日之战

13世纪初，成吉思汗统一了蒙古各部族，势力在东亚地区迅速扩张。成吉思汗的孙子忽必烈"思大有为于天下"，1264年将都城迁至燕京，称中都（今北京），1271年定国号为大元。1268年、1269年、1271年，忽必烈三次遣使要求日本朝贡，均遭到幕府"执权"北条时宗（1251—1284）的拒绝。

1274年（文永十一年）10月，忽必烈调集2.5万元军，乘900艘战船，从朝鲜半岛南端出发，攻陷了日本对马和壹岐，后在北九州博多湾登陆。面对久经沙场的元军，日本军队不堪一击。当时，日军的作战方法还是武士骑在马上，一个一个地出战，应对元军的集团作战方式。日本军队在苦战中节节败退。不料，天有不测风云。天黑之后，元军回船休息之际，暴风骤雨忽至，元军兵船多数沉没，损失惨重，余部匆忙撤退。这一战发生在文永年间，日本历史称为

"文永之役"。

1275年（文永十二年），元朝再次派遣使节到日本要求臣服。但是，幕府"执权"北条时宗斩杀来使，表示拒绝。同时，命令加强长门、周防、安艺等要塞的警戒。

1281年（弘安四年），忽必烈兵分东、南两路进攻日本。5月21日，由忻都、洪茶丘率东路军4万人，从朝鲜半岛高丽合浦出兵，经对马岛攻入北九州的博多湾，日本军队防守严密，未能实现登陆。7月，范文虎率南路军10万人，从宁波出发，航行到北九州海面。7月末，两路大军会合，准备发动总攻。但是，一场巨大的台风再次袭来。在台风袭击下，元军东路损失1/3，南路军损失一半，4000艘船只半数沉没。元军被迫退走。此役发生在弘安年间，史称"弘安之役"。

元军征日败走，镰仓幕府政权却在胜利中转向衰落。按照惯例，幕府应该没收战败方的土地，奖励给立下战功的御家人。但是，元军来袭是外来的战争，没有给列岛幕府政权留下可以赏给御家人的领地，由此破坏了"奉公"取得"恩赏"的规矩，动摇了御家人对幕府的信任。

此外，武士遗产的分散继承因素，导致可分领地越分越小，很多御家人的生活逐渐陷入困境。生活所迫，越来越多的御家人开始典当自己的少量土地，有的甚至将土地卖掉，走向破落。

为了拯救日趋贫困的御家人，维持幕府的统治，1297年（永仁五年），幕府颁布《德政令》：要求商人无偿归还购买或典当的御家人土地，驳回向御家人讨债的诉讼。幕府的剥夺政策引发经济混乱，商人们抬高物价，停止给御家人借债。结果，御家人的生活更加困难，破落得更快了。颁布不到一年之后，《德政令》被迫取消。

为防止御家人的领地分产过细而陷入贫困，幕府将"惣领制"改为长子继承制，财产统归长子继承，其他子弟均为长子家臣，以此来维护和延续御家人制度。

在幕府的下属国中，职位最高的御家人是各国"守护"；随着"惣领制"的瓦解，各国守护的势力逐渐强大。守护对本属国的御家人握有管理之权。随着幕府的衰落，一些御家人转而与顶头上司——守护——结成了主从关系。因此，守护势力的增强反而动摇了幕府统治的基础。

于是，北条氏以防御异国入侵为由，更换了各属国的守护，委派北条氏族人到各国担任新守护。过去，担任守护职务的北条家族成员只有两人，到1285年（弘安八年）增至33人，占全部60名守护的半数以上。到幕府末期，又增加到38人。北条氏专权的加强不可避免地激化了与御家人的冲突，幕府体制的内部矛盾愈演愈烈。

与此同时，日本农村逐渐兴起了一批新的地主势力。在各地，国衙领和庄园中一些握有耕地权的"名主"，年深月久，逐渐成为家资殷实的小地主阶级，他们拥有"下人"和"佃农"，有的还上升为武士身份。但是，这些小地主与幕府没有主从关系，早期只是接受"地头"和庄园领主的管理。

为了保障自己的利益，对抗幕府和领主的压榨，这些新兴的小地主把贫困的名主、逃亡的流民召集在门下，武装起来，并袭击年贡运送队，夺取年贡。幕府称其为"恶党"，视为盗贼。而由于对幕府"执权"的不满，一些"地头"和"守护"等御家人反将"恶党"笼络在旗下，自己则成为"恶党巨魁"，借以对抗幕府。"恶党"的活动及御家人与幕府的对立，严重地威胁了幕府的统治。

进入14世纪以后，幕府政治更为混乱。幕府近臣"御内人"势力同各地的御家人势力尖锐对立，1285年，两派之间爆发了"霜月骚动"。幕府末期，14岁的"执权"北条高时（1303—1333）热衷于歌舞与斗狗，不理政事，致使人心涣散，出现地方豪族叛乱。叛乱虽被镇压下去，但幕府的权威已经是日暮途穷。

1334年，后醍醐天皇突然立宠妃阿野廉子之子恒良为皇太子，为显示以武力建立新国家的志向，后醍醐天皇采用了中国后汉武帝（东汉光武帝）时期的年号"建武"。

——［日］网野善彦《日本社会的历史》

18. 建武中兴

镰仓时代，天皇和上皇都处于幕府的控制之下。皇族内部因皇位之争，分裂为两个派系。住在大觉寺的后宇多法皇一派，称为大觉寺系；而住在持明院的后深草、伏见两上皇一派，则称为持明院系。1317年（文保元年），经幕府的调停，两大派系协商决定：轮流出任天皇，幕府也表示不再干预皇位的继承。

1318年（文保二年），大觉寺系的后醍醐天皇（1318—1331、1333—1339年在位）即位。这位天皇学习宋朝朱子学和佛典多年，从中汲取了一些治国的经验。受朱子学"大义名分"思想的影响，他立志要恢复天皇亲政，直接掌握国家大权。即位后，首先向上皇下手，废除了院政，亲自执政，设立记录所，破格起用出身低微的有识之士。还趁幕府内部混乱、权威下降之时，秘密策划倒幕行动。

1324年（正中元年），后醍醐天皇的倒幕计划泄露，幕府将天皇的近臣逮捕、流放，史称"正中之变"。1331年（元弘元年），天皇继续制订新的计划，并实施讨幕行动，结果再次失败。幕府愤而将后醍醐天皇流放到隐岐岛（今岛根县）。在幕府的支持下，持明院系的"量仁亲王"接任天皇，称为光严天皇，史称"元弘之变"。

后醍醐天皇的讨幕行动虽然失败了，但是，日本各地的反幕府运动愈演愈烈，以楠木正成为首的畿内"恶党"尤为活跃。而北条氏的御家人也因为久蓄的不满相继造反，随即演变成全国性的内乱。被流放到隐岐岛的后醍醐天皇，也没有罢手，继续召集旗下武士开展讨幕战斗。

墙倒众人推，破鼓万人捶。1333年（元弘三年），幕府军的主将——御家人足利高氏（1305—1368）——也在西上京都的途中与后醍醐天皇秘密勾结，临阵倒戈，于5月7日攻陷了幕府设在京都的机构"六波罗"。在其影响下，各地的武士纷纷倒戈。上野的豪族新田义贞（1302—1338）也举旗反叛，5月22日率关东武士攻陷了幕府的大本营——镰仓。幕府"执权"北条高时及其全族自杀，镰仓幕府就此灭亡。

1333年6月4日，后醍醐天皇返回京都，废除光严天皇，重新登基，恢复亲政。次年，改年号为"建武"，实施复辟，史称"建武中兴"。

复辟天皇所做的第一件事，就是收回幕府时期皇亲贵族、寺院失掉的庄园和土地，同时限制武士的领地。撤销了胁持天皇的幕府、院政、摄政、关白等机构或职务，中央和地方官职几乎都由皇亲、贵族出任。

背叛幕府、倒戈起义的武士，原本希望恢复武家政治，并获得新的恩赏地，并不想看到皇室、贵族复辟。然而，后醍醐天皇维护的完全是皇亲贵族和大寺社等旧势力的利益，致使"今六十六国内，已无赏给武士立锥之地"。这种过河拆桥、漠视武士利益的做法激起了武士们的普遍不满。

而且，在百废待兴之际，后醍醐天皇不体恤民情，无视民众长期疲于战乱之苦，大兴土木，扩建宫殿，并向全国武士地头和御家人增收特别税、征调额外劳役。这些暴政和负担又被转嫁到农民的头上，致使民怨四起。

倒幕有功的武士头领足利高氏，也只得到了后醍醐天皇的赐名，改名为足利尊氏，并未被天皇任命为将军，他心中非常失望。看清了后醍醐天皇的政治面目后，足利尊氏便悄然积蓄实力，伺机而动。

1335年（建武二年）7月，北条家族的旁支北条时行卷土重来，攻陷镰仓，史称"中先代之乱"。内心一直以镰仓幕府继承人自居的足利尊氏，不等天皇允许，便擅自率兵五百骑，离京东征。打败北条时行，夺回镰仓，表明反对朝廷的立场。

11月，气愤的后醍醐天皇命令新田义贞率兵攻打足利尊氏，结果大败而归。后来，足利尊氏也一度战败，流落至九州地区。但是，对天皇朝廷不满的武士们，依然把所有的希望都寄予足利尊氏，纷纷前来投奔。足利尊氏备受鼓舞再次举兵，最终打败天皇军队，于1336年（延元元年）重新占领京都，软禁后醍醐天皇，拥立持明院系的光明天皇（1336—1348年在位）即位。复辟性质的"建武中兴"至此完结。

南北朝的五十七年历史是一篇哀史。它好比日渐衰弱的病人，意识越发清楚，精神毫不衰退，肉体却逐渐失去恢复的希望。

——［日］坂本太郎《日本史》

---

19. 南北朝动乱

1336年（延元元年，建武三年），足利尊氏占领京都，拥立光明天皇，软禁了后醍醐天皇。同年12月21日夜，后醍醐天皇在亲信的帮助下，从京都逃到大和的吉野，建立政权。自此，与京都皇室形成了两个对立的朝廷，史称"南北朝"（1336—1392）。

1338年（延元三年，历应元年），北朝的光明天皇任命足利尊氏为"征夷大将军"，足利尊氏如愿以偿在京都正式建立了足利幕府（1338—1573）（后改称室町幕府）。

足利尊氏当政后，效法镰仓幕府的惯例，集中幕权，整肃朝政，改革弊端。颁布并实施了新法典《建武式目》，减轻农民的负担，奖赏有功武士；惩治贪官污吏，打击贵族、寺院势力，禁止其参与国政；并要求部下将领们禁奢侈，行俭约；受理贫弱之辈的诉讼；兴办专营金融借贷的土仓；委任效忠足利尊氏的有军功者、有才干者为守护，力图建立一个开明的政权。

南北朝对峙的前两年，战事不断。1339年（延元四年，历应二年），后醍醐天皇病逝，支持南朝的北畠显家、新田义贞也相继战死，南朝已经无力对抗北朝。但是，由于足利兄弟之间发生内斗，南朝得以存续了五十七年之久。

足利幕府成立之初，足利尊氏将军是最高的统治者，执掌恩赐、军事大权，其弟足利直义行使政务实权。兄弟俩因为如何消灭南朝、实现统一的问题产生分歧。足利直义主张渐进统一，而足利尊氏的重臣高师直主张速战速决。高师直对足利尊氏很有影响力。高师直与足利直义的矛盾逐渐转化为足利兄弟的矛盾。

1350年，兄弟反目，两派争乱兴起；这一年为观应元年，史称"观应扰乱"。当年，足利直义投靠南朝，与北朝对立，统率南朝军队打败足利尊氏的北朝军队，进占京都。足利直义杀死高师直，兄弟俩握手言和。1351年（正平六年，观应二年），足利尊氏及其长子足利义诠向南朝投降，年号也以南朝为准，史称"正平之一统"。

1352年（正平七年，文和元年），足利尊氏将弟弟直义毒死。但是，支持足利直义的武士们在其义子足利直冬的统率之下，继续与足利尊氏进行战斗。1355年（正平十年，文和四年），足利尊氏扭转了局势，取得决定性胜利。1358年（正平十三年，延文三年），足利尊氏去世，此时幕府统治也逐渐稳定。

1368年（正平二十三年，应安元年），第三代将军足利义满（1358—1408）执政，幕府的统治进一步巩固。1392年（元中九年，明德三年），足利义满呼吁南北朝统一，并得到南朝的积极反应，自此结束了将近六十年的南北朝动乱。

足利义满时期，日本对亚洲以及中国的认识发生了划时代的变化。……明朝永乐皇帝授予足利义满"日本国王"的称号，足利义满臣服明朝，并从明朝领取冠服。日本又被重新编入东亚国际秩序之中，返回了"中华文明圈"。

——王屏

---

20. 室町幕府

1368年（正平二十三年，应安元年），第三代将军足利义满接任幕府将军。执政初期，由细川赖之（1329—1392）辅政。1378年（天授四年，永和四年），足利义满亲政后，在京都的室町修建了华丽的邸宅，宅院中广植花卉，称为"花之御所"，幕府政所也迁来此处，室町幕府由此得名。

室町幕府的根基，建立在日本各地"守护大名"的势力之上。

早在镰仓幕府末期，地方武士就以"守护"为中心，与之结成主从关系。南北朝对抗时期，足利幕府为了把各地武士组织起来，增强了守护的政治、经济权力。1346年（正平元年，贞和二年），又将地方的司法权授予守护，责其处理田地纠纷、执行幕府的诉讼裁决。

1352年（正平七年，文和元年），幕府颁布《半济令》，授权守护以"兵粮米"的名义截留辖区庄园年贡的一半。也就是说，把原来"国税"的一半作为军费开支留给了地方守护。到足利义满时期，各地守护不仅吞占了辖区内的庄园，辖区内的武士也都变成了守护的家臣，发展成割据一方的大领主。这种类似于封建诸侯的地方守护，被称为"守护大名"。

足利义满亲政后，为了强化将军的权力，充实了"奉公众"即将军的直属军，并于1385年（元中二年，至德二年）至1390年（元中七年，明德元年）的五年时间里，游览了奈良、纪伊、骏河、安艺等地，以此向各大寺社和有实力的守护大名们炫耀将军的权威。同时，密谋征讨那些财雄势大的超级守护大名。刚巧，统辖美浓、尾张和伊势东海三国的守护大名土岐康行家族发生内讧，幕府乘机举兵讨伐，将其贬为美浓一国的守护。

1391年（元中八年，明德二年），号称"六分之一大人"的山阴守护大名——山名氏清——被幕府抓住把柄，成为第二个征讨目标。当时，日本分为六十六国，而山名氏清一族独占十一国的守护之位。危急当头，山名家族不战自乱，幕府将其一举荡平，削为三国守护，这一战史称"明德之乱"。1399年（应永六年），幕府又寻隙挑起战端，武力镇压了兼有周防等六国守护的幕府功臣大内义弘，史称"应永之乱"。这时，九州怀良亲王已死，其势力日渐衰弱并被幕府成功统合。

削弱超级守护大名的势力之后，室町幕府又改进了中央政权的治理结构。在幕府内设置了一个辅佐将军，统管各机构的职位——"管领"，由足利家族的亲属——斯波、细川及畠山三国的守护大名——轮流担任，俗称"三管领"。"管领"下辖负责京都警卫、刑事诉讼事务的"侍所"、负责财政事务的"政所"、负责司法事务的"问注所"。其中，掌握警察权的"侍所"长官由山名、赤松、京极、一色四国的守护大名轮流担任，俗称"四职"。这种高级官吏轮流任职制度，意在保持主要守护大名之间的相互牵制、互相抗衡，便于幕府将军的居高驾驭。

在地方重镇、镰仓幕府的根据地——关东地区，又设置了特别行政区"镰仓府"，由足利尊氏的三儿子足利基氏的子孙世袭镇守，其机构设置与幕府类似，俗称"小幕府""第二幕府"。镰仓府管辖关东十国，长官称为"镰仓公方"，下设辅臣"关东管领"，由上杉家族世袭。后来，镰仓府的实力和独立性不断增强，逐渐成了室町幕府的威胁。

室町幕府的财政收入，主要来自将军保有的直辖地，大约两百所分散在日本各地的领地，规模不大，收入相当有限。幕府也向守护、地头征收临时税，向全国征收土地税、房屋税。但是，随着消费开支的日益增长，幕府已经入不敷出。于是，幕府开始对高利贷业和酿酒业提供特权及保护，并对其征税。同时，在陆路和港口设置关口，对往来车、船及货物征收关税。

另外，日本从平清盛时代开始，陆续输入中国的宋钱、明钱，并在日本流通。掌握中国钱币的输入，就等于获得经济主导权。然而，明朝是禁止钱币外流的，只允许朝贡贸易体系"回赐"钱币。因此，幕府通过向明朝朝贡的方式，既可以借用明朝皇帝的权威行使其在日本的统治权，还通过建立与明朝的官方关系将贸易权掌控在手中。

早在镰仓幕府末期和南北朝时期，日本九州和濑户内海沿岸地区便出现了许多海盗团伙。中国和朝鲜的赴日商船频频遭劫。到中国明朝时期，因为海盗猖獗，中、朝与日本的民间贸易已无法进行。1401年（应永八年），在明朝的敦促之下，足利义满下令九州探题打击海盗。

1404年（应永十一年），明朝赐予足利义满"日本国王"称号，同年给日本配发了一定数额的贸易配额，即"勘合贸易"。在明朝的每一代皇帝任内，由明朝中央政府的礼部发行一百道"勘合符"给室町幕府。日本商船到达中国后，要出示"勘合符"，明朝官吏验对底簿，吻合后便予放行，入境交易。

当时，日本向明朝出口铜、硫黄、刀剑、扇子等，进口生丝、纱和瓷器等。对这些官方交易，明朝不征关税，还承担一些仓储费、搬运费，日本获得了很大的贸易利润。

随着贸易规模的扩大，永乐铜钱在很长一段时间里成为日本的标准货币，广泛流通，促进了日本货币经济的发展。

1408年（应永十五年），足利义满去世，第四代将军足利义持反对向明朝称臣，日明贸易随即中断。1432年（永享四年），第六代将军足利义教上台，迫于财政困难，再开勘合贸易。至1551年（天文二十年），由于日本国内政局不稳，日明贸易最后终止。

早在1392年（元中九年，明德三年）时，朝鲜的李氏王朝也要求日本禁止倭寇。得到足利义满的配合后，1404年（应永十一年）日朝两国恢复了中止六百多年的邦交，开始了与勘合贸易相同的双边贸易。朝鲜开设三个港口，允许日本商人前来贸易。日本主要出口铜、硫黄，以及从东南亚地区贩来的胡椒、药材、香木等商品；从朝鲜进口的主要是棉纺织品。

贸易往来促进了日本商业形式的多样化，产生了从事批发行业的"问屋"，还形成了各种商业行会组织——"座"。伴随着日本国内经济往来的增加，以及海上运输业和车马租赁业的发展，一些地区甚至出现了工商业发达的小城镇。

在应仁之乱的主战场京都,双方都雇佣了弃村逃亡的百姓,把城市的下层人民组成武装队伍,让他们任意放火,抢夺居民财物作为兵饷,致使大半个京都变为废墟。市民悲叹:"在你所熟悉的京都,就算看到黄昏时荒野中飞起的云雀,也会引人落泪……"

——[日]井上清《日本历史》

21.动乱之秋

室町幕府统治日本长达两百四十年。这期间,除第三代将军足利义满执政时社会相对稳定之外,其他十四位将军任内,多因上层争权夺利导致全国局势动荡。

在动荡的社会里,最苦不堪言的是下层的农民,终日过着惶恐不安的生活。在饱受战乱伤害的同时,农民还承受地头、领主、守护和幕府的层层盘剥。14世纪后半叶,出于保命的需要,在近畿商业发达的地区,出现了以村落为中心的农民自治组织。到15世纪,这种组织已由原来的一个村发展到几个村的规模。

起初是因为自然灾害的发生,农民以自治组织的形式集体上诉,要求领主减免年贡,如果得不到满意的答复就集体罢工逃走。农民的集体请愿和集体逃亡效果甚微,随后,农民的自治组织被迫转变为武装组织,以武力来反抗上层阶级的压榨。这种农民集体斗争的形式被称为"土一揆"。

农民斗争的主要目标是希望幕府发布《德政令》，那种镰仓幕府时期，为了挽救御家人的生活困境而颁布的政令。室町时期的农民希望再次颁布这一政令，取消农民欠缴的年贡。另外，越来越多的农民备受当铺和高利贷之苦，也希望幕府出面废除、减免来自借贷和典当的债务压迫。

1428年（正长元年），京都爆发了要求取消债务的农民起义，起义的农民占领了寺社，捣毁从事高利贷的"土仓"，或取回质物，或销毁借据，要求地方领主或幕府颁布《德政令》。时为正长元年，史称"正长土一揆"。在农民暴动的压力下，地方领主很快颁布了《德政令》。随后，近畿周边地区的农民也相继展开起义斗争。

农民的反抗加剧了幕府政权的动荡，加之守护大名的再度兴起更是直接威胁着室町幕府的统治地位。1438年（永享十年），镰仓公方的足利持氏凭借地方势力，图谋将军职位，被当政的足利义教出兵消灭，史称"永享之乱"。1441年（嘉吉元年），播磨国（今兵库县）的守护赤松满佑发起"嘉吉之乱"，将足利义教杀死，随后，赤松军被幕府军镇压。

同年，京都地区再次爆发大规模要求减免债务的起义，数万农民包围京都。而足利义教被杀之后，幕府将军的权威已经遭受重挫，无力镇压农民的起义，被迫与地方领主一样颁发了减免债务的《德政令》。这时，无论是京都的皇室还是幕府政权都已经丧失了政治向心力，各地分立，社会进入动乱期。1442—1466年间，以京都、奈良地区为中心，先后又发生三十五起不同规模的农民起义。

动乱之秋，幕府内部矛盾也激化起来。围绕将军继承问题，有实力的守护开始干涉幕府事务。1443年（嘉吉三年），幕府第八代将军足利义政（1449—1473年执政）亲政。此人缺乏政治才能，无力重振幕府将军之威，终日沉醉娱乐，不理政事。

1464年（宽政五年），无心从政的足利义政有隐退之意，但膝下无子，想让在净土寺出家的胞弟义视还俗，继承将军之位，并请权势最大的守护——细川胜元——为监护人。足利义政的决定令妻子日野富子大为不满。由于足利义政长久不理幕政，日野富子与其长兄日野胜光已经培育了自己的外戚势力。

1465年（宽政六年），日野富子生下儿子足利义尚，为了让义尚成为将军继承人，富子请另一位地方守护——山名宗全——担任儿子的监护人，此公势力与细川胜元旗鼓相当。于是，围绕着将军的继承问题出现了对峙的两派，而将军的权力也开始受到守护大名的干涉。此外，各地守护大名之间的较量也逐渐激化，分为细川、山名两大派系。

地方层面上，"三管领"之一的畠山家族也因继承问题闹得不可开交。从中央到地方，派系争斗错综复杂，两大武装集团的矛盾愈演愈烈，终于在1467年（应仁元年）爆发了长达十一年之久的"应仁之乱"。

全国三分之二的守护大名分为两派卷入了战争。京都成为主要战场，最终，大半座城市毁于一旦。另外，战乱中还出现了被称为"足轻"的雇佣兵。也就是，守护大名在战乱中征召的农民兵，只给予简便的武器，然后任其在战争中抢夺战利品来武装自己。

战乱中，幕府将军足利义政屡次向两派发布"停战令"，但是，无人理睬。1473年（文明五年），义政让位于8岁的儿子足利义尚。同年，细川胜元、山名宗全相继病死。日野富子以义尚的监护人身份掌握政治实权。然而全国的土地尽归各地大名，幕府收入匮乏，财政紧迫。于是，富子下令在京都周边另设七个关口，对来往行人征收通行税，并垄断米货，再哄抬米价，还对因战乱而流离失所的公卿、大名发放高利贷。

由于连年战乱，各地农民频发起义反抗。守护大名们在京都作战，将地方交由守护代理或家臣管理，导致篡权夺位事件此起彼伏，动摇着守护大名的地位。守护大名们无心恋战，纷纷退出主战场，回到领国维护各自的领地。同样，越来越多的公卿贵族也纷纷离开荒芜的京都，或投靠各大名，或建立自己的权力中心。京都大量的寺社被烧毁，成了废墟。1477年（文明九年），"应仁之乱"落下帷幕。战争没有分出胜负，只是幕府的统治势力日渐萎缩，在京都及其周边领地以外，幕府的权威已消失殆尽。

即使夫妇同在一处，也不要片刻忘却刀剑。

——［日］《武田信玄的家法》

22. 战国时代

在"应仁之乱"中，室町幕府无力驾驭局势，大名们无视幕府将军的存在，更不记得还有天皇这回事。

1502年（文龟二年），已经即位两年的后柏原天皇，打算给自己办个即位大典，因经费困难，就下令管领细川政元捐款，细川政元拒绝，并敷衍说："举行即位大典也没有好处的，没有教养的人不会因为举行大典而把天皇看作国王，就算不举行大典，我也会认为天皇是国王。"天皇对此竟无法反驳，最终决定不举行即位大典。

但是，各氏族内部，篡权夺位之势可谓你方唱罢我登场，家臣背叛主人、攻占主家，又立即被其部下攻打的场面频频上演。这一段充斥着暴力纷争、武力夺权的时期，在日本史上称为"战国时代"（1456—1573）。

战国时代的主角，不是室町幕府的将军，也不是皇室的天皇，而是叱咤风云的"战国大名"——地方军阀。

战国大名不受幕府的制约，与幕府没有从属关系，完全独立于幕府之外，依靠自己的军事力量武装割据。其中，只有关东、东北、九州岛等经济相对落后地区的大名是由原来的守护乘战乱独立为战国大名，比如，今川氏、武田氏、大友氏等，其他战国大名均是新生军阀，这些人有的是守护的家臣，有的是地方的大领主，甚至还有商人出身的富豪。

借助各地农民起义的浪潮，意欲推翻守护大名的新生军阀乘势而起。他们把起义的农民聚拢在自己周围，带领农民直接与守护大名抗争，从中渔利。比如，在经济比较发达的中部地区，尾张（今爱知县）、越前（今福井县）两国原是守护斯波氏的领国，但其家臣织田氏和朝仓氏，凭借武力从守护手中夺去领国，跻身于群雄之列、成为战国大名。而夺取美浓国（今岐阜县）的是油商出身的豪族斋藤氏，领主出身的毛利氏占领了周防国（今山口县）。这种假借农民反抗组织扩张自己的私利，造成氏族分裂、家臣背叛、领主造反的战乱现实，也被称为"下克上"的社会变革。

在确立军阀地位之后，战国大名加强了领国内的政治统治和经济管理。战国大名的统治非常霸道，他们直接没收领国内的庄园土地，将一部分土地变成自己的直属领地，派官员管理，另一部分则作为封地授予家臣。战国大名还用武力迫使在乡的小领主臣服，将之纳入家臣行列，剥夺其土地，再以恩赏封地的方式分给他们，以此削弱小领主的势力。封地是家臣的经济命脉，所以家臣必须绝对服从自己的主君，并负担军役等义务。

获得封地的家臣是战国大名的直臣，也即亲信，担任重要职务，辅佐大名处理政务。而由小领主转为家臣的武士，虽然也臣服于大名，但很少参政议政，平时以管理耕地为主。在家臣之下，还有被称为"郎党""仲间""小者"和"足轻"等以农民为主的等级编制。

战国大名对家臣的管理除了经济约束之外，还制定了所谓的"分国法"家法，严格控制家臣的行为，违法者要受到严罚，还可能被剥夺世袭领地。各地的"分国法"内容不尽相同，主要内容包括：禁止家臣买卖和转移领地，推行长子继承制；禁止家臣之间互相攻伐，有争执双方均将受惩罚；女儿结婚须经主君批准；等等。而常陆国（今茨城县）的家法中还有细致的规定："早晚的寄合酒是三菜一汤（酱汤），酒的量为饭碗的1/10。"

为了便于管理，战国大名将家臣聚集在其城堡周边居住，因此也吸引了许多工商业人员来此聚集。各地因而出现了"城下町"，即城堡周边的小城镇。此外"港町""驿站町"和以寺院神社为中心的"门前町"也发达起来，同时带动了手工业及商业的发展。

战国大名们常因争夺势力范围而相互征战，为了能在群雄征战中扩张自己的势力，这些军阀都以"发展经济、富国强兵"为大政方针。

为了防止农民的反抗、促进农业发展，军阀大名们对逃亡后返乡的农民免除以往的债务，加以安抚。为了让农民安心生产，战时积极参战，大名们尽量避免在农忙季节开战，还减少农民赋税。

同时，各领国也充分开发和利用当地资源促进经济发展。例如，三河（今爱知县）鼓励农民种植棉花。从前仅在宇治地区（今三重县）栽培的茶叶，这一时期也在大和、丹波、伊贺、伊势、骏河、武藏等国种植。甲斐（今山梨县）的武田氏兴修水坝，大面积增加了水田种植。整个战国时期，日本全国的耕地面积增加了73%。此外，大名们还积极开发矿山，以获得货币和武器的原料，采矿和冶炼技术因此得以提高，各种矿产数量大增。例如，甲州（今山梨县）金矿、对马银矿和石见银山等。

战国时代，各领国的军队装备出现了变化。在16世纪40年代之前，日本军队的武器以刀、剑、长枪、弓箭等冷兵器为主。但是，从1543年（天文十二年）起，情况有了改变。当年，葡萄牙人的船只，在驶向中国的途中因暴风雨漂流到日本九州岛的种子岛（今鹿儿岛县）。这场暴风雨不仅第一次让欧洲人踏上了日本列岛，也将葡萄牙人的枪支带到了日本。

种子岛的岛主时尧高价购买了两支步枪，并很快学会使用和仿制。火枪随即传到日本各地。和泉国的堺、纪伊（本州岛南端）的根来等城市，很快便成为枪支的主产地。

枪支的使用对作战方式产生了重大的影响，各国大名不仅组建了步兵火枪队，城堡的构筑方式也随之发生了变化，带有高墙、深壕、射击孔的巨大城堡开始出现。武器装备是确保战斗力的基础，战国大名们在展开军备竞赛的同时，也酝酿着日本列岛新一轮的统一进程。

信长为人雄杰，多智略；前是六十六洲各有君长、不相统一，至信长征伐四出略，皆臣伏，无敢异。此人智计叵测，十倍秀吉；假之数年，必为我大患……

——徐光启《海防迂说》

---

23. 一代枭雄织田信长

　　从武装割据的南北朝到四分五裂的战国时代，每个有实力的日本氏族都有铲除异己、建立全国性的中央政权的野心。到16世纪中叶，战国大名们在充实了经济、军事实力之后，一统日本天下、称王的雄心蠢蠢欲动。

　　时势造英雄，在这个乱世之中，尾张的战国大名织田信长（1534—1582）被点上了群英谱。尾张位于农业先进的浓尾平原（今名古屋地区），经济比较发达。虽然离京都比较近，但是，其领国内旧的统治势力并不像畿内其他地方那样强大，因此武士的势力在尾张成长较快。

　　在稳定了尾张国内的统治之后，织田信长一手抓经济，一手抓政治、军事建设。在领国内推行"兵农分离"政策，武士也从此成为真正意义上的职业军人。织田信长将领国内名主、武士编入自己的家臣团，组成一支以使用长枪为主的常备兵，一改以往以骑兵为主的军事编制。不过,这时的织田信长既不具备统一日本的实力,也没有一统日本的野心,其注意力主要集中在与周边领国的相互争斗中。

而此时,骏河国(今静冈县)的战国大名今川氏,在吞并了远江(今静冈县)和三河两国后,经济实力和军事力量都远远胜于信长。就每年农民上缴的粮食"年贡"而言,当时织田信长年贡为14万"石高"(10斗为1石,称为"石高")左右,而今川家则近70万。每万"石高"可征召和供养士卒300~500人,今川家的常备兵数量也是尾张的4~5倍。这样一个兵强马壮、实力雄厚的氏族,是不会安于现状的。

1560年(永禄三年),今川义元率军去攻打京都,意欲迫使天皇和室町幕府将军臣服。尾张位于其行军的途中。在今川义元看来,尾张国不过是他行军路上的一块小石头,他只要踢一脚,这路途就是平坦的。然而,今川义元却在这块小石头上栽了大跟头。

面对来势汹汹的今川义元,织田信长既没有轻易让路,也没有挡横蛮战,而是将今川义元的军队放进田乐狭山之后,突然发起伏击。田乐狭山是一座小山,海拔50~60米,附近道路狭窄,又称为"桶狭间"。这一战,是日本最著名的战役之一,史称"桶狭间合战"。

今川义元战死,织田信长从此名震日本。此后,织田信长一鼓作气攻下临近的美浓国,将其首府稻叶山城改为"岐阜"城,作为军事根据地,为自己刻制了一枚图章,上书"天下布武"四个字——以武力平定乱世、取得天下之意。

1568年（永禄十一年），早已失去权威的天皇和流浪在外的幕府后代足利义昭（1537—1597），均希望凭借织田信长的兵力重新统治天下。于是，织田信长率兵攻占京都，废除室町幕府的足利义荣将军，扶植足利义昭为第十五代将军。拥有强大兵力的织田信长，控制着天皇和幕府将军。

1569年（永禄十二年），织田信长的势力已经扩大到近畿地区堺、京都、奈良等富裕城市。1573年（元龟四年），幕府将军足利义昭因为不满足于傀儡地位，联合一些大名密谋打倒织田信长，结果被逐出京都。随后，织田干脆废除了幕府将军这一职位，室町幕府也就此消亡。

没有了拖累的织田雄心勃勃地四处征战，先后消灭浅井和朝仓，势力扩张到北陆。自此，包括畿内、东海道及北陆道在内的广大地区纳入其统治之下。但其所到之处遭到各领国人民的反抗。1571—1574年间，在并吞伊势长岛和越前两国时，遭到当地"一向宗"（净土真宗教）农民组织的反抗。这个农民信徒为主体的起义组织，从战国时代初期起一直活跃在各地，已经有相当强的实力。面对反抗，织田心狠手辣，对整个地区的数万人进行了灭绝性的屠杀。

在展开血腥征服的同时，织田信长也希望以新的宗教安抚民心。1569年，葡萄牙传教士路易斯·弗洛伊斯（Luis Frois，1532—1597）得到觐见织田信长的机会，向他讲解了天主教的教义。此后，织田信长对天主教给予了一定的保护，以此安抚民心。但他本人并不信教，他曾对传教士说："我认为，人死后灵魂是不存在的。"在传教士弗洛伊斯眼中，"这个日本男人眼中毫无神明可言,他认为自己就是神……信长聚集全国的神像与佛像,他的目的不是崇拜这些偶像,而是要这些神佛崇拜他。他认为自己才是神,在他上面根本没有创造万物的神"!

到1575年(天正三年),织田信长已经征服了二十六个领国,统一日本的步伐已近半程。1576年(天正四年),在近江国安土山上开始修筑一座气势宏伟的城堡,即安土城,其内部饰有基于中国儒教思想的绘画以及佛教风格、公家风格的金碧和水墨两种主题的扇画。1579年(天正七年)建成完工,以之为其统治中心。这一时期,因为织田信长的根据地在安土城,又被称为"安土时代"。

为了稳固统治,信长采取了与过去的守护相同的"一职支配"形式,将领国安排给家臣管理。例如,把越前赐给柴田胜家,把近江赐给羽柴秀吉。

1582年(天正十年),织田开始西征。但是,其部将羽柴秀吉(1537—1598)在进攻日本西北部中国(日本一地区名称)的高松城时陷入毛利氏的重围。于是,织田率军前往救援,岂知这一去竟踏上了黄泉路。6月1日,织田信长寄宿在京都的本能寺。6月2日清晨,织田信长的家臣明智光秀本该从丹波进入中国地区,却调回军队起兵反叛,将本能寺包围得水泄不通。织田信长与随从奋力相搏,终因寡不敌众,加之内室火光四起而葬身火海,时年49岁。一代枭雄没有战死在杀场上,却死在了自己人的手中。

不过,织田信长的雄伟大业并没有因此中断,其部将羽柴秀吉打败了明智光秀,征服了织田另一位家臣柴田胜家,重新开启新一轮的统一进程。

在日本人的眼中，丰臣秀吉的诞生充满神奇色彩。最脍炙人口的传说如下：1536年（猴年）1月1日，尾张国爱知郡中村（今名古屋市中村区）的农民木下弥右卫门的家中，在喜气洋洋的元旦气氛中，诞生了一个男孩。弥右卫门的妻子平日笃信太阳神，经常祈祷能够生一个男孩。有一天晚上，她梦见太阳进入她身体，之后，她怀了身孕。十三个月后，这个小孩诞生了。由于是太阳神所赐之子，因此命名为日吉丸。这个小孩，脸长得像猴子一样，所以大家都叫他"猴子"。

——杨永良《太阁丰臣秀吉》

24. 丰臣秀吉

明智光秀反叛成功，试图获取天下。但是，羽柴秀吉在这时与毛利氏讲和，并迅速撤兵，在山崎打败了光秀的军队。随后，又征服了信长后继者中最强的对手柴田胜家。

1583年（天正十一年），羽柴秀吉修建大阪城，作为其统治全国的政权中心。1584年（天正十二年）3月，织田信长的次子织田信雄劝说德川家康，合力出击羽柴秀吉。双方势均力敌，经过激烈的鏖战，彼此都付出了惨烈的代价，但仍未分出胜负。4月，羽柴秀吉亲赴织田信雄处，握手言和。随后，秀吉又与德川家康议和，使其臣服。

1584年，羽柴秀吉再接再厉，平定了四国的长宗我部氏。同年，50岁的羽柴秀吉，被天皇任命为朝廷的关白。1586年（天正十四年），天皇又任命其为太政大臣，并赐朝臣姓——丰臣，羽柴秀吉自此改叫丰臣秀吉。天皇的这些赏赐如同锦上添花，踌躇满志的丰臣秀吉对统一日本的大业更是志在必得。真正的丰臣秀吉时代由此展开，由于丰臣秀吉最初的根据地在京都附近的桃山城，因此这一时期又称为"桃山时代"。

1587年（天正十五年），丰臣秀吉征讨占据九州一半势力的岛津氏。1590年（天正十八年），平定关东的北条氏，征服了奥羽地方的伊达氏，就此完成了日本的统一大业。

在统一日本的过程中，丰臣秀吉实行了一系列的统治政策。1588年（天正十六年），丰臣秀吉下达了《刀狩令》，禁止百姓拥有长短刀、弓、长枪、火枪和其他各种武器。宣称农民"只要持有农具，便可子孙繁衍"。

丰臣秀吉虽是农民出身，但是成为统治者之后，其统治政策非常专制，对农民变本加厉地进行压榨，毫无怜悯之心。1591年（天正十九年），丰臣秀吉发布了《身份统制令》，规定武士、町人和农民的身份不得互换，并实施兵农分离、农商分离政策；禁止农民流动，武士必须脱离农业，居住在主君所在的城下町，随主君移居。颁布这一法令的目的在于，可掌握负担劳役及其他徭役的所有日本国民的情况。

同时，还推出了统治和剥削农民的新体制——"检地"政策，即通过丈量全国的土地面积，将耕地和房产的所有者登记造册，确定土地耕种者以及年贡（赋税）的上缴者，尽量确保一地一人耕作的制度。因检地的需要，这一时期统一了土地面积测量单位和斗的容量标准。丰臣秀吉还统一了里程的计量单位，整顿海、陆交通，以促进经济发展和日本各地的文化交流。

丰臣政权的财政收入除了来自直辖领地之外，还有来自京都、大阪、堺等工商业城市的税赋收入。为此，丰臣秀吉铸造了称为"天正大判""天正小判"的货币，以此促进商业的发展，从中获取更多利润。

随着对外贸易往来的发展，不仅产生了一批富甲一方的外贸大名和商人，也促进了宗教在日本的繁荣。其中，九州地区历来以外贸为经济支柱，尤为注重"南蛮贸易"[①]。传教士们也借机采取商教一体的策略，以贸易为诱饵，劝说大名们认可天主教。肥前（今长崎）的领主大村纯忠，为了吸引葡萄牙人在其领国内的横濑蒲开辟港口而接受了洗礼，成为日本第一位天主教大名，并在其领国内确立了天主教的合法地位。1569—1579年间，日本天主教信徒达到10万人。到1583年，日本各地有教堂近200所，分驻所20多个。

随着西方宗教势力的扩大，幕府的统治也受到了威胁。在肥前，领主大村纯忠把自己的领地转让给教会，并迫使领地内的百姓改信天主教，令丰臣秀吉深感不安。1587年，丰臣秀吉突然发布了

---

① 当时日本人援用中国的蛮夷观念，将东南亚一带视为南蛮之地，而以葡萄牙为首的西方人，多因辗转自东南亚而来到日本，因此被称作南蛮人。

驱逐传教士的命令。但是，为了维持与葡萄牙的贸易往来，这次驱逐令并没有严格执行，信教人数仍在增加。

统一日本之后，丰臣秀吉向外扩张的野心逐渐膨胀，开始幻想迫使印度果阿的葡萄牙政权、菲律宾马尼拉的西班牙政权和中国台湾地区向其朝贡，甚至梦想统治明朝和朝鲜。

1587年，日本尚未统一之际，丰臣秀吉就派使节出访朝鲜，要求朝鲜纳贡，遭到朝鲜的明确拒绝。1592年（文禄元年）3月，被国内胜利冲昏了头脑的丰臣秀吉，召集15万兵力大举入侵朝鲜半岛，发起了被称为"文禄之役"的侵略战争。

由于在国内的长期战争中积累了作战经验，丰臣秀吉的军队侵略朝鲜之初进展非常顺利，在两个月内就占领了朝鲜的京城（今首尔）、开城、平壤三大都城。在攻占京城之后，丰臣秀吉得意地声称：要迁都北京，由日本天皇统治明朝。

正在气焰嚣张之时，战局发生逆转。一方面，朝鲜各地纷纷自发兴起人民武装的"义兵"队，英勇斗争，抗击日寇；另一方面，朝鲜水军在名将李舜臣带领下，自制了一种先进的水上战舰——龟船[①]，连连击败日本水军，使日军庞大的舰队几乎全军覆灭，丧失了制海权；另外，应朝鲜政府之请，明朝派遣的援朝军队于7月陆续

---

① 龟船船身长19米多，宽4米多，用坚硬的木料做成船身，上面覆盖着一个用硬木制成的外壳，再铺上铁板，就成了铁板船。铁板上面留有"十"字形的窄路，其余部分插满了刀子和锥子。遇到敌人的时候，用干草把船盖住，敌人攀登龟船时就会被刀子和锥子刺死。龙头和船身上凿有枪眼和炮穴，枪炮能同时从龙嘴和四周发射，龙嘴还能喷出烟雾迷惑敌人。还有船身大、重心低、能装载大量的水和粮食的特点，可以长时间航行和战斗。

抵达朝鲜并投入战斗。日军渐渐无力应对，于1593年（文禄二年）3月，同明朝进行和谈，停止了战争。

1596年（庆长元年），明朝与日本和谈破裂，丰臣秀吉准备发动第二次侵朝战争。1597年（庆长二年）1月，日本再次派遣14万大军、数百艘舰船入侵朝鲜。此战称为"庆长之役"，开战不久之后，日军再次陷入困境。1598年（庆长三年）8月，丰臣秀吉病死，"五大老"决定结束侵朝战争。同年年底，日本侵朝军队败退回国。

丰臣秀吉发起的两次侵朝战争，前后长达七年。战争不仅给朝鲜人民带去了巨大的灾难，丰臣秀吉也没有得到他想要的一切，反而给国内的大名和农民造成了沉重的负担，最终也使丰臣政权走向衰败。

> 日本的幕府统治，经"源氏种之，织田氏耕之，丰臣氏耘之，至德川氏而收其利"。
>
> ——黄遵宪

25.幕藩体制

丰臣秀吉虽然善战，对下层阶级的统治也有章有法，其政权建设却不健全。

丰臣秀吉执政时，任命了五位亲信分别掌管行政、司法、财政等工作，称为"五奉行"。不久，又设置了"五大老"制度，规定重大事务由五大重要老臣共同商议定夺。这种因人设位的统治结构，致使丰臣秀吉去世之后，其氏族也随之没落。

1598年（庆长三年），丰臣秀吉在临终前，将5岁的儿子丰臣秀赖托付予以德川家康为首的实力大名即"五大老"，希望儿子能继承其位。然而，在他死后，德川家康立即策划夺权。丰臣秀吉的近臣及五大老也分裂成两派，即德川家康一派和五奉行之一的石田三成拥戴秀赖一派。

当时，德川家康以江户城为根据地控制着东国，而秀赖派系则住在大阪城统治着西国。1600年（庆长五年）9月，双方发生冲突，史称"关原之战"，德川家康以绝对优势打败了敌对势力，石田三成被处死，丰臣秀赖200万石的直辖领地被减为了摄津和河内等约66万石的领地。德川家康将日本列岛的实际统治权掌控在手中。

1603年（庆长八年）2月，德川家康被天皇朝廷任命为维持整个国家秩序的军事将领"征夷大将军"。同年，在江户建立幕府，开启了统治日本长达两百六十年的德川幕府时期，史称"江户时代"。

为了确保德川氏世代掌握政权，1605年（庆长十年），德川家康让位给儿子德川秀忠，自己作为前任将军控制实权、为儿子保驾护航，向世人表明德川氏将世代承袭将军之职。1614年（庆长十九年），年逾70岁的德川家康挑起"大阪之役"，向仍然存有势力的丰臣秀赖挑衅，丰臣秀赖也召集流浪武士至大阪城，积极应战。怎奈，丰臣氏与德川家康的实力差距巨大，1615年（元和元年）丰臣秀赖被灭，德川家康为幕府统治扫除最后障碍。1616年（元和二年），德川家康去世。

为了巩固幕府政权，1616年，幕府颁布了《禁中并公家诸法度》，对天皇及其公卿贵族的行动加以规制，显示出凌驾于天皇之上的权威。法度规定"天子以才艺和学问为第一"，让天皇远离政事。还规定皇室的领地为1万石，相当于一个普通大名的封地数量，而给一般的皇室贵族所分发的领地则更少。对寺院和神社也加强了管理，规定了寺院须以学问为主，禁止总寺院下设专院和新建寺院，极力削弱大寺院的势力。

1620年（元和六年），德川秀忠将女儿和子嫁入皇室成为后水尾天皇的皇后，从而强化了德川氏与天皇家的关系。

德川幕府时期，全国两百六十多个大名接受了将军分封的领地，这些领地被称为"藩"。德川幕府的政权体制也因而称为"幕藩体制"，即以幕府为中心，统领全国各地半独立的藩。幕府对全国各藩及藩主大名有绝对的控制权，而各藩在幕府的控制下也拥有财政、军事和制定法令、独立裁判、制定经济和文教政策的自主权。

幕府行政上设有中央机构和地方机构。中央层面，在将军之下依次设立"大老""老中"和"若年寄"三种职务。其中，"大老"是最高官职，但多为名誉职务，非常设职务；"老中"是辅佐将军处理日常行政事务的最高常设官员；"若年寄"则是将军的家臣，辅助"老中"处理政务。再下面，设"三奉行"，即"寺社奉行""江户町奉行""勘定奉行"，分别负责管理全国的寺院神社、江户市内事务及幕府财政。这些官职的编制为2～6人不等，由将军的直属家臣担任，采取轮流执政方式，重要问题集体协商处理。

幕府的地方机构中"京都所司代"的权职最为重要，主要负责对皇室、公卿贵族的监视和处理幕府与皇室之间需要交涉的问题，同时也对西部各藩大名进行监督。此外，京都和大阪等地是幕府的直辖市，分别设置"町奉行"（相当于市长）。其他幕府直辖要地设置"奉行"或"郡代""代官"等，处理行政和司法事务。

德川幕府时期的大名，直接臣服于将军，拥有1万石以上的领地。依照与将军关系的远近，大名们被划分为三类。与德川家族有血缘关系的，被称为"亲藩"大名；德川幕府创立之前臣服于德川家族的家臣，被称为"谱代"大名；而在德川幕府创立之后臣服于德川家族的大名，则被称为"外样"大名。"亲藩"和"谱代"大名被委派到重要地区，前者没有实权却给予较高的名誉，后者领地不多却担任重要职务。而"外样"大名虽然分封到较大面积的领地，却被分配到偏远地区，不仅要受到"谱代"的监视，而且没有参政议政的权利。

为了有效地控制各藩大名，幕府在1615年颁布《一国一城令》，规定一个藩只能拥有一座城堡。大名的妻室儿女必须住在江户，作为幕府控制大名的人质，称为"参觐交代"制，大名要在领地和江户两地隔年轮住。

而直接臣服于将军但其俸禄不足1万石的家臣，被分为"旗本"和"御家人"两类。这两类家臣也是构成将军直属军事力量的常备军，即"家臣团"。其中，"旗本"拥有封地并能进见将军，而"御家人"只能以领取大米作为俸禄，且不能进见将军。

由"旗本"及其下属组成的军团被称为"番方"，即值勤警卫军。"番方"又因任务不同而分为三部分，即负责江户城、京都二条城及大阪城警备任务的"大番组"，战时在"老中"的统领下作为先锋部队出征；另一部分被称为"书院番组"，平时作为幕府的警备人员和将军的侍卫，战时需要作战；还有一部分就是"小姓番组"，负责在幕府和江户市巡逻，并对将军日常及战时的安全负责。"书院番组"和"小姓番组"都由"若年寄"直接管理。

"御家人"也分别组成"徒士组""铁炮百人组"等，其任务与"旗本"大致相同。战时，"旗本"和"御家人"均需要根据其俸禄的多少，率不同数量的下属参战。据统计，到1722年（享保七年），"旗本"5205人，"御家人"17399人。同时，以"旗本"为单位，可构成8万人规模的军队，以"御家人"为单位，也可以组成2万人左右。可见，幕府的统治势力是由这强大的军事力量做后盾的。

　　幕府能够稳执政权，不仅因为其拥有强大的军事实力，还因为拥有庞大的经济基础。幕府从直辖领地和各位家臣的封地中可收获700万石的年贡，约占全国3000万石总收获量的1/4。此外，幕府还收取江户、京都、大阪、长崎、堺等大城市的工商税赋，垄断全国金银矿山开采和货币铸造。同时，对外贸易也是幕府的一大财源。

　　在幕藩体制的控制下，社会成员也被严格划分，人们被严格划分为士、农、工、商四部分，一旦被界定为某个阶层人员之后，其后人世代都将沿袭这个身份。同时，在各阶层内部又细分为多种等级。

　　"士"，即作为统治阶级的武士，其阶层内又分为将军、大名、家臣、乡士等二十多个等级。武士享有氏姓，也可带刀，还有随意斩杀平民百姓的特权。"农"，即农民，在地位上仅次于武士，但他们被禁锢在土地上，深受统治阶级的压迫和剥削。"工"是手工业者。"商"是商人，商人尽管富裕，但被禁止穿戴属于上流阶级的绫罗绸缎，也禁止坐轿。由于手工业者和商人都居住在城下町，因而又被称为"町人"。

　　在被称为平民阶层的"农""工""商"之下，还设有被称为"秽多""非人"的贱民阶级。他们被划分到特定的居住村落，从

113

事被社会鄙视的职业，如刽子手、屠宰、清扫或卖艺等。这种历史上因犯罪、被贬等原因遗留下来的最下层世袭人群，虽然是少数，但随着制度的固定和世袭原则的发展，其子孙后代始终是社会歧视的对象，至今在日本社会仍有影响。

1632年（宽永九年），德川秀忠去世，其子德川家光任第三代将军。为加强对大名的管理和控制，家光专门颁布了《武家诸法度》，对大名身份做了明确规定，规定"石高"在1万石以上的为大名，1万石以下的为旗本。同时，家光还加强海禁政策，阻止日本列岛外的宗教、政治对本国的影响，以维持统一国家的体制。1635年（宽永十二年），幕府开始全面禁止日本船只前往日本列岛以外的地区，同时禁止在外日本人归国。

1636年（宽永十三年），幕府禁止从中国明朝流入的宋钱、明钱以及伪造该钱铸造的铜钱流通，开始铸造、流通自有货币"宽永通宝"。此后，幕府不断制定各种法规，无论是对皇室贵族的控制，还是对大名、武士及寺院的管理，以至对农民阶级的统治，都很顺利，使"幕藩体制"得以确立和发展。

武士道在字义上意味着武士在其职业上和日常生活中所必须遵守之道。……也就是随着武士阶层的身份而来的义务。

——[日]新渡户稻造

26.武士道

德川幕府成立之前，战场是武士施展才能的舞台，无数次战役之后，武士的地位渐渐提升，武士飞黄腾达的梦想也得以实现。到了江户时代的两百多年间，日本长期处于太平世界，没有了实质上的战争，武士作为统治阶级尽享胜利的成果，其大展身手的舞台也从战火纷飞的战场转到日常生活及政务之中。

武士是统治阶级也是特权阶级，维护武士群体的稳定就是维持幕藩体系的稳固。和平时期的武士仍须葆有必要的斗志，因此，这一时期出现了一种专为武士量身定做的理论——"士道"论，即"武士道"理论。

这一理论将武士的思想和道德修养标准化，行为和责任统一化。也就是说，即便是统治阶级、特权阶级，"武士也必须有某些准则来使他们的不端行为受到最终的审判"。

在镰仓和室町时代，忠义、武勇等武士的道德规范被称为"武者之习"。到江户时期，随着儒学和朱子学思想理论的影响，早期

"武者之习"等粗浅的武士道德规范逐渐被细化、理论化。武士道的基本内容包括"忠孝""仁义""重武倡文""克己""奉公""名誉""轻生死""报恩""俭朴"等。

武士道理论的主要代言人是山鹿素行（1622—1685）。在汲取儒家思想的基础上，他对武士道进行了全面的阐述。称武士道为"道的自觉"，意味着其思想、理论和原则将融入每个武士的骨子里，成为一种发自内心深处的自觉的律令。他所著的《武教全书》《武家事纪》《兵法问答》等书，被称为日本"国民道德的权威，武士道精神的真谛"。

在江户时期，武士道理论强调以忠孝为本。山鹿素行在《士道》中写道："详忠孝之实，乃士之所勤也。"另一学者山本常朝则在《叶隐》中将"忠"与"孝"的关系解释为"忠臣出孝门""孝为忠之所据"。山鹿素行还强调，武士"得主君，尽奉公之忠"，每天应该先"思念主君养育之恩，再顾及当天家业"，而后要知"报恩"，并且能"克己、面对死亡而有不动摇的勇气"。

此外，山鹿素行对武士的行为和修养也进行了规范，并为其制定出一系列的礼法。他要求武士应加强内心的道德修养，即"明心术"，要做到使他人感到有威严，即懂"详威仪"和"慎日用"等礼法。"详威仪"就是要"慎视听""慎言语""慎容貌之动"。同时，武士还要"节饮食之用""明衣服之制""严居宅之制"等。

江户时期，武士道强调重武倡文，显示出这是一个以武力为重心的文治时代。幕府发布的《武家诸法度》中写道："左文右武，古之法也，不可不兼备。"规定武士必须"精熟文武弓马之道"，而"弓马者乃武家要枢"。

同时，武士要轻生重死，讲究死得其所。山本常朝所著的《叶隐》要求：武士"每朝每夕，死而复死。待常住死身之时，方得武道真谛，方可挑剔地终生恪尽职守"。

在这些思想影响下，武士为主君而死、复仇、剖腹自杀，被视为武士为主尽忠所能体现的最高境界。

1701年（元禄十四年），播磨国（今兵库县）赤穗藩的藩主浅野长矩，因为与幕府的礼仪官吉良义央发生争执而用刀刺伤了吉良，随后被迫切腹和砍头。藩主浅野的死讯震惊了赤穗藩，其家臣大石良雄率领四十七名下臣，于同年12月闯入吉良府宅，杀死吉良为主人复仇。事情发生后，幕府一方面称赞其壮举是对主人尽忠尽孝的忠义凛然之气节，同时又以其违反幕府法令为由令他们集体剖腹自杀。

此后，这"四十七义士"被奉为武士道精神的楷模，也被视为山鹿素行思想的体现和发扬。这一事迹以多种形式在民间演绎开来。其中以歌舞伎演绎的《忠臣藏》最为著名，这也是日本歌舞伎中最优秀的剧目之一。

作为统治阶级，武士的思想与道德行为不只在武士阶级内部相互影响，这种仪典式自杀的自我牺牲形式，在17世纪中叶的日本也蔚然成风。随着"四十七义士"等事例的不断出现、不断在民间传颂，武士道精神也逐渐向农民、手工业者和商人阶层渗透，对日本社会的发展产生了深远的影响。

日本人始终抱有一种感觉，只要身处日本便不用害怕会突然遭到外国人的攻击。

——［日］鹤见俊辅

------

27. 锁国时代

幕府建立的初期，德川家康将军积极推动日本与外界的贸易往来。因为倭寇犯边的烦扰，明朝未与日本建立邦交；而东南亚各国和一些西欧国家与日本的贸易往来却有了显著的发展。

德川幕府在外贸上实行"官许贸易制"，也就是向往来于南洋与日本之间的日本和外国商船颁发特许证——朱印状。由此，这些商船又被称为"御朱印船"。从事朱印船贸易的主要是九州地区的大名，以及京都的豪商、幕吏和少许外国人。

随着对外贸易的发展，日本从中获取了极高的利润，到过海外的日本人也逐渐增多。17世纪初，在东南亚各国，除华侨集中的唐人街外，还出现了日本人聚居的日本街。

然而，对外开放的政策没有维持多久，幕府便转而采取了锁国政策。早在丰臣秀吉时期，由于天主教的传入，日本统治阶级已开始惶恐不安。最初，德川家康因为贸易的关系，对天主教采取了较为宽容的态度。但是，随着天主教的兴起及其殖民色彩的显露，幕府感受到被同化的威胁。1612年（庆长十七年），德川幕府发出了锁国政策的第一道政令——《禁教令》，命令信仰天主教的日本教徒改变信仰。

幕府的《教谕书》宣称："日本，神国、佛国也。基督教徒党传邪法，谋政变以夺国，违法令，谤神佛，礼拜罪人（指耶稣），崇信有加，应予严禁。"在京都、伏见、大阪、堺等地破坏教堂，逮捕教民，强迫改宗。拒绝改宗的男子，被捆缚在草席和蒲包里，露出脑袋游街。妇女被裸体示众，或送往妓院当妓女。

同时，在对外贸易中，地方大名和富豪们积蓄了大量财富，实力迅速膨胀，也使幕藩体制受到了威胁。1616年（元和二年），幕府将欧洲的商船限停在平户和长崎两地。1623年（元和九年），幕府禁止了英国商人的贸易活动。1624年（宽永元年），又禁止了西班牙船只入港。1633年（宽永十年），幕府对朱印状加强限制，直接垄断外贸权。1635年（宽永十二年），幕府严令禁止包括特许船在内的一切日本船只驶往海外，海外的日本人不许回国，归国者不问理由一律处死。

与此同时，根据幕府的命令，各地的大名纷纷对天主教徒进行清洗。据估计，从1619年（元和五年）到1635年的十六年间，被处刑的日本教徒约达28万人。

哪里有压迫，哪里就有反抗。1637年（宽永十四年），长崎地区爆发了以农民教徒为主的大规模的岛原起义，史称"岛原之乱"。为了平定动乱，幕府动员了十八个藩的十几万兵力，支出了巨额军费。

镇压起义之后，幕府进一步加紧锁国政策。1639年（宽永十六年），发布了最后一次锁国令。禁止葡萄牙船只来日，禁绝外国教会在日活动。1641年（宽永十八年），与宗教无关的荷兰人也被强制移居到长崎的出岛，并受到严密监视。日本从此步入了长达两百多年的锁国时代。

在锁国期间，幕府垄断所有的外贸活动，只准许中国、荷兰的商船来长崎一港通商。同时，还规定：来到日本的中国商人和荷兰商人都必须向幕府官员提交"风说书"，即报告海外各国情况的情报书，以便幕府及时了解外部世界。其中，来自中国商人的报告称为"唐风说书"，荷兰商人的报告称为"荷兰风说书"。

锁国后，幕府取消了贸易额限制。于是，日本的主要输出货物如金、银、铜等产品大量出口，导致资源储量迅速下降。1715年（正德五年），幕府颁布《海舶互市新例》，对中国和荷兰的船只入港数量重新作出规定，并限制银的出口量。

德川幕府的锁国政策，在进一步巩固其封建统治之时，终止了日本与外部世界的广泛交往，也抑制了国内资本主义的萌芽和发展。但是，17世纪前半期，日本社会在依靠武士的武力维护的和平之中保持着安定，经济领域呈现出新的发展。原来需要从中国进口的生丝、织品、糖、工艺品等货物已经渐渐能够自给了，日本国内工商业及各产业进入新的发展阶段。

> 过去，除特殊情况之外，买东西都不用钱，而是用米麦……听说近来，从元禄（1688—1703）时起，乡下也用钱买东西了。
>
> ——［日］本庄荣治郎《近世的日本》

28.经济发展

与以往的幕府一样，德川幕府的财政支柱依然是地租和年贡。所以，幕府只重视对农村的统治，在思想政策上重农轻商。

德川幕府严格执行"检地"制度，确保农民有地可耕。随着生产技术的改进，农业产量有了很大的提高，农民的生产积极性也重新调动了起来。

为了扩大税收，幕府大力鼓励开发新田。16世纪末，德川幕府初期时，日本的耕地面积约为160万公顷，到18世纪中期增加到300万公顷，增长了80%。同时，幕府和各藩还积极开展水利建设。有资料显示，从8世纪至19世纪60年代末，日本共修筑大型水利工程118项，其中德川幕府时期的水利工程有81项，占总数的68.6%。在17世纪前半期，幕府开展的利根川、淀川的治理等大规模的"治水"工程建设，不再仅限于促进水田开发，而是为了促使大量物资运输所需的水路交通更加顺畅。

这一时期，灌溉用的水车、适应深耕的"备中锹""千齿脱粒机""簸米箱"等先进农具也出现了。幕府还告诫"储藏肥料，为农民之要事"，并指导农民如何用肥。

随着货币经济的发展，幕府开始征收货币税赋，以代替原来的稻米年贡。农民可以种植一些经济作物，卖给城市商人换取货币。桑、茶、棉花等经济作物在各地逐步推广，农作物特产区随之形成。例如，三河、尾张主要出产棉花，上野、武藏（今埼玉、群马县）以养蚕和生丝为特产，大阪是油菜的主产区。17世纪以后，日本的水产业也获得了发展。全国形成了四个渔业中心，即北海道、牡鹿半岛、长门肥前、富山湾。

经济作物的普遍种植，促进了农村家庭手工业和城镇手工业的发展。其中，纺织业最为发达，丝织业尤为突出。此外，造纸业、酿酒业、酱油酿造业和陶瓷业也都发达起来。

与产业发展同步，各地物资流通的需要也带动了交通运输业的发展。幕府的"参觐交代"制度在客观上促进了运输业的兴起。为了保障"参觐交代"制度，幕府修建了以江户为中心、通向日本各地的五条交通干道。幕府还在干道沿途设置驿站，开设政府特许的旅馆，同时也准许民间开设客栈和小客店（旅客备米自炊的小旅馆）。幕府还从沿途各村镇征用人马，供官府运输之用。

物资的流通也加速了城市和町镇的发展，以及人口的增长。比如，越后（今新潟县）的西原郡吉田村，原来只是一个100余户农家的村庄，因为交通要道通过而发展为700余户人家的町镇，其中90%的町户从事手工业和制造业。而各藩的城下町也有了明显的扩展，如金泽、名古屋、仙台等地的人口都在几万以上。

17世纪后半期，商品流通开始超出藩国范围，各藩之间的经济联系逐步增强。大阪已发展成为中央市场，而江户则是巨大的消费都市，以大阪、江户、京都等地为商业贸易中心的经济圈也悄然形成，并成为全国或地区性的商业贸易中心。这一时期，日本的流通经济也得到迅速发展，物资流通极为活跃。各地城市中出现了钱庄，全国性的商业同盟也应运而生，商品经济得到了空前的发展。不仅出现大批的金融商人和批发商，还出现了一批新富豪，比如，以发明清酒酿造法起家而成为大阪金融巨商的鸿池，以经营、开发铜矿而发财的住友，以及以经营绸缎布匹和金融业名震江户的三井等。在这个重农轻商的社会里，随着商人钱袋子的迅速膨胀，以大商人为首的町人势力也随之抬头，日后逐渐控制了全国商品的价格。

江户时代，以儒教为媒介所进行的思考是留给日本人的精神遗产，虽说不是全部，但首先是或基本上是使他们自觉地认识到人们在现实社会中应遵循的伦理道德。

——［日］相良亨

29. 汉学的影响

随着幕藩体制的确立，德川政权得以巩固，和平时代为文化发展提供了宽广的空间。此时的日本如同一个成长中需要营养的孩子，不断地从先进的中国文明中吸取各种营养元素，其中朱子学在日本备受推崇。

朱子学在镰仓时代随禅宗传入日本。1600年（庆长五年），禅僧藤原惺窝还俗，致力于儒学的研究。其门徒林罗山，专心研究朱子学，并成为日本朱子学的创立者。林罗山主张："世界万物均有上下名分，人间社会也是如此，君臣父子尊卑贵贱各有其位，不得混淆。"其学说肯定了封建制的身份等级论，受到统治者德川家康的信任，被任命为幕府的政治顾问，得以参与幕府的法制制定。

第三代将军德川家光时期，林家世袭儒官并建立学塾，教育幕府士族子弟。第五代将军德川纲吉在江户的汤岛修筑大型孔庙，供奉孔子和朱熹等儒学圣贤，并作为幕府的最高学府，研讨和宣扬儒学，鼓励传播朱子学。林家第三代传人林凤冈被任命为大学头主持学府工作。朱子学成为幕府和各藩的官学，在日本取得了独尊的地位。

各藩的武士都努力学习儒学，许多下级武士也成为朱子学派的名儒，而不懂朱子学的武士则仕途黯淡。各地还设立了多所教授朱子学的藩校，如名古屋的学问所、冈山藩校、米泽藩兴馆等。

根据朱子学的三纲五常和大义名分的思想，在社会中，人人都要遵从主人的安排，忠于主人，反抗主人的意愿被视为不可饶恕的罪行；子女要对长者尽"孝道"；绝对的家长制不仅表现在家中，家长对外也要为家人的行为负责；女性没有社会地位，继承权不考虑女性；武士家系实行长子继承制，没有儿子只有女儿的，就需要领养养子，否则武士的领地将被幕府收回，成为失去主君的浪人。

这一时期，民间出现了阳明学和古学两大学派，提倡创立日本独特的思想文化体系。阳明学派的代表人物是中江藤树及其学生熊泽蕃山，受中国明朝的王阳明（王守仁）学说的影响，他们借用阳明"知行合一"的观点，批判朱子学的"知先于行"思想，反对不加批判地直接在日本运用儒教道德思想。但是，其改革现实的主张与幕府相左，熊泽蕃山后来被幕府软禁。古学派的代表人物是山鹿素行，主张孔孟之道，批判朱子学，反对中国中心论，视日本为"中朝"。

朱子学在日本的传播，一方面强化了德川幕府的封建统治，另一方面也促进了日本学术研究的发展。在史学方面，水户藩德川光国主编的《大日本史》和林罗山的《本朝编年录》（《本朝通鉴》），都贯穿了朱子学大义名分的思想。研究朱子学的儒官新井白石，借鉴了清朝考证学的治学精神，对日本原始史和古代史方面的史书，进行了严格考证，消除传说色彩，予以合理解释。

17世纪，日本画坛兴起了"浮世绘"版画，被视为日本独特的民族艺术奇葩，其实也是受中国明末的十竹斋水印木刻的影响发展而成的。

在自然科学领域，天文历法学走在其他学科的前面。江户时代，日本天文学家潜心研究和解说中国元朝的《授时历》，之后康熙年间官修的《历象考成》、清朝学者梅文鼎的《历算全书》等科学著作陆续传入日本，成为日本历书《天保历》的根基。宫崎安贞的《农业全书》，也参考了明朝的《农政全书》。而1656年（明历二年）在日本出版的《马经大全》（四卷），则是中国兽医马师问所编。在元朝朱世杰的《算学启蒙》、明朝程大位的《算法统宗》、南宋杨辉的《杨辉算法》的基础上，日本数学家同过发现了行列式、数字系数方程解法、不定方程解法。

江户时代对中国文化的吸收和消化，为日本后来西学和国学的兴起奠定了基础。

到19世纪中叶，国外的威胁和国内的麻烦互相纠结，产生了一种信心危机。许多日本人对自己的生存感到绝望，断言日本应该抛弃过去，在政治、经济和社会问题中采用西方的做法。

——［美］詹姆斯·L.麦克莱恩

30.幕政改革

17世纪末至18世纪初，商品经济的发展使日本社会的贫富差距急剧拉大、阶级矛盾日益激化。商品经济给各领主们带来了丰厚的财富，其财富的来源是出售农民上缴的年贡。因此，领主们不断地提高农民的年贡额，加大对农民的剥削。

此时的农业生产力虽然有所提高，但是，有限的产出敌不过领主们急剧膨胀的财富欲望。在领主们的沉重盘剥下，农民仅靠种地已无法维持生活，有的转而从事家庭手工作业，借以增加收入，有的则把土地典当给地主、村吏、商人，靠典当过活。典当的土地无力收回，这些农民便沦落为佃农。农民的年贡本是领主和幕府的经济根基，失地农民增多，领主和幕府的财政自然就会陷入困境。

18世纪初，幕府和各藩因财政减少被迫向商人借贷，同时幕府给予商人一些经营特权，征收特许捐税来弥补财政亏空。而依靠幕府俸禄生活的武士阶级，则因俸禄不能按时足额发放而生活拮据。

加之各藩主还以借用的名义居间克扣，一些武士迫于生计或沦为商人的养子，或沦落为破产的浪人，昔日森严的等级身份制也从基层开始悄然瓦解。

为了化解危机，幕府在享保年间（1716—1736）、宽政年间（1789—1801）和天保年间（1830—1844）先后实施了三次改革，史称"三大改革"。

1716年（享保元年），自第八代将军德川吉宗（1716—1745年执政）伊始，结束了前三代将军不问政事而由宠臣掌权的局面，将军独揽大权，展开"享保改革"，着手解决财政问题。

首先，德川吉宗下令普查、登记全国的人口和土地；实施《定免法》，将农民的年贡固定化，以保证幕府有稳定的财政收入；颁布《上米令》，向各藩大名征收1%的贡米，作为交换条件，将大名"参觐交代"的时间缩减一半；加强对工商业的管理，控制米价；发布《降低物价令》，禁止商人抬高物价；颁布《流地禁止令》，命令债权人将抵押过期的土地还给农民；设置新的官职俸禄制度《足高制》，即任职期间补足原俸禄与职禄的差额，称"足高"，离职后恢复原俸禄；发布《俭约令》，禁止奢侈、崇尚俭朴，下令各大名、旗本督促家臣加强习武训练，重振尚武之风；奖励实学，解除洋学进口的禁令；还整顿司法制度，设置鼓励庶民举报的"目安箱"，拉近了将军与大众的距离。

德川吉宗的改革颇有成效，扭转了幕府的财政亏空，并开始有了盈余。但是，1732年（享保十七年）西日本出现了蝗灾，发生了史称"享保饥馑"的大灾荒，饿死1万余人，灾民200余万，米价暴涨，引发社会动乱。

1745年（延享二年），德川家重出任第九代将军，其人体弱多病，且言语不清，致使近臣掌权。1760年（宝历十年），第十代将军德川家治执政之时，幕府权力已完全落入近臣田沼意次之手。1772年（安永元年），田沼意次升任"老中"，全面主持幕政。

此时，幕府的传统财政来源——农业经济已渐渐干枯，而刚刚兴起的商品经济正财源滚滚。为了增加财政收入，幕府着力推动商品经济的发展。给予工商业行会特权，同时加大工商税收，对铜、人参等商品实施专卖制度。

在推动幕府政权与商业资本紧密结合的同时，田沼意次也依靠卖官鬻爵过上了奢侈的生活，幕府政治腐败成风。天灾纷至沓来，1773年（安永二年）瘟疫流行，1778年（安永七年）京都、日向国洪水大作，1779年（安永八年）樱岛火山大喷发，1783年（天明三年）浅间山火山爆发，直至1787年（天明七年）间，霜冻、洪涝等自然灾害连年不断，数十万人饿死，列岛的东北地区甚至出现了人吃人的惨剧。

1786年（天明六年），德川家治将军病死，田沼意次被迫辞职。大批的灾民和破落的农民拥入城市，1787年，大阪爆发了抢米和捣毁运动，之后迅速波及京都、广岛、长崎、江户。愤怒的市民、饥民将米店和幕府的地方机构抢砸一空。幕藩体制再度陷入危机，幕府改革已是燃眉之急。

田沼意次下台后，第八代将军德川吉宗的孙子、白河藩主松平定信（1758—1829）继任"老中"，辅佐第十一代将军——15岁的德川家齐——执政。1789年（宽政元年）开始，松平开始推行以重农抑商政策为中心的各项改革，史称"宽政改革"。

改革首先是颁布《节俭令》，压缩、削减幕府开支，要求诸藩大名与旗本、御家人等生活俭朴，三年内不得恣意宴饮馈赠；为挽救武士中的穷困旗本和御家人，使其安心学文习武、重振士气，幕府颁布《弃捐令》，免除其债务。

同时，幕府力图恢复农村人口、增加耕地面积，确保年贡的稳定；命令流入城市的无业农民返回乡里，为流浪人员建立收容所，教其技能；对农村实施贷款政策，鼓励开垦荒地和修建水利工程，重建传统农业经济；为备荒年之用，幕府命令各大名藏米，要求大名年收每1万石出50石入库，以增加江户、大阪等城的粮食库藏量；取消田沼时代给予商人的专卖权，废除商业行会，下令降低物价。

松平定信的改革在一定程度上提高了幕府的权威。但是，其生硬而保守的统治并未持续多久，加之已经成年的德川家齐要求独自执政，1793年（宽政五年）松平定信被迫辞职，"宽政改革"也以失败告终。这一时期，因农村经济未能得到重振，导致大批农民破产。

1830年（天保元年），自然灾害再次接踵而至。1833—1836年，第三次全国性大饥荒，造成70余万灾民。城市饥民的抢米捣毁运动风起云涌，农民暴动此起彼伏。

在大阪的饥民不断饿死之时，一些富商仍然囤米不放、抬高物价，幕府官吏毫不作为，引起了众怒。1837年（天保八年）年初，阳明派学者、下级武士出身的大盐平八郎忍无可忍，率其门徒动员民众袭击富商的住宅及米店，将金钱和米粮分配给贫民。"大盐平八郎之乱"虽然很快被镇压，却由此揭开了下级武士领导民众向幕藩领主宣战的序幕。

内忧和外患总是如影随形。18世纪末沙皇俄国沿千岛群岛南下，直接窥探虾夷地区。1792年（宽政四年），俄使节拉克斯曼到达北海道的根室，要求通商，遭到幕府的拒绝，此后双方在北方经常发生摩擦。

1808年（文化五年），英国军舰"费顿"号追逐荷兰船突袭长崎。此后，英俄船舰经常出没日本沿海。1825年（文政八年），幕府发布《异国船驱逐令》，命令对中国和荷兰之外的船舰一律开炮轰走。1837年美国远洋轮"摩里逊"号以送交漂流民为理由，驶入浦贺，遭到炮击。

1840年（天保十一年）鸦片战争爆发，1842年（天保十三年）清廷战败，被迫与英国订立《南京条约》。消息传到江户，幕府深受震动，遂于同年改发《薪水令》，指示诸藩对前来的外国船舰供应其所要求的水、煤、粮并劝其驶离日本，而不再开炮驱逐。

已经捉襟见肘的财政不仅要应对虾夷地区极高的防务费用，还要保证德川家齐四十个妻子所生养的五十五个子女的巨额嫁女娶媳支出。在幕府严重财政亏空之时，1837年，德川家齐也无心执政，让位给儿子家庆。

幕府不作为，各藩主坐不住了。为了摆脱困境，各藩主在其领地内推行自己的新政，一些藩主起用熟谙经济的知识分子，推行适应商品经济的改革措施，提高商品生产，实施商品专卖制度，统一藩内市场。以西南的萨摩、长州、佐贺、土佐四藩国的改革效果最为明显。例如萨摩藩，由于早就强迫当地农民种甘蔗，发展砂糖产业，与清朝进行走私贸易，从中获得巨大利润；同时实行兴业政策，建造造船厂、玻璃厂、纺织厂，购买洋式武器装备军队等，因而成为实力较强的"雄藩"。

内忧外患之际，1841年（天保十二年），第十二代将军德川家庆起用近臣水野忠邦（1794—1851）出任"老中"，仿效享保、宽政改革的陈旧模式，开始实施"天保改革"。

改革仍然从推行节俭政策开始，严禁买卖高价物品，精简幕府机构人员，加强对戏剧和文艺作品的管制，禁止批评幕府和有伤风化的作品；颁布《解散行会令》，强制物价下降，但因导致商业萧条，物价上涨，只好终止；再次颁布《返乡令》，禁止农村人口流入城市，禁止农民弃农经商；颁布《上知令》，将江户、大阪周围的大名及旗本的土地收为幕府直辖领地，另拨其他领地与之交换，此举意在增强幕府的财力和防卫，招致大名和旗本的强烈抵制而取消。1843年（天保十四年）9月，水野忠邦被罢免。幕府的第三次改革因触犯了各阶层的利益而归于失败。

第三次改革对幕府来说是最后一搏，其失败使幕藩统治不可逆转地由盛转衰、一落千丈，没有了回天之力。

精神物质，是一物的两面；过去未来，是一时的两端。时代的生活要求产生思想，思想又促进新时代的要求。

——戴季陶《日本论》

---

31. 思潮涌动的时代

江户时代的前期，朱子学作为官学在思想领域占据着统治地位。但从18世纪中期开始，随着商品经济的发展，支撑幕藩体制的农业经济出现了危机，削弱了幕藩统治的根基。各种思潮泛起，力求在意识形态领域占据一席之地。思想领域迈入了思潮涌动的"战国时代"。

实施锁国政策之后，幕府只在长崎留下对外往来的窗口，但也只限与中国和荷兰的商船往来。

德川幕府第八代将军德川吉宗，是一位求知欲强烈的领导者。他一方面保持着朱子学的官学地位，同时鼓励实学，吸收西方近代科学知识。1720年（享保五年），德川吉宗发布了《洋书解禁令》，不再禁止与天主教无关的汉译西洋图书，并派人学习荷兰语和自然科学。1774年（安永三年），前野良泽（1723—1803）和杉田玄白（1734—1817）将荷兰语的人体解剖学著作《解剖图谱》翻译成日文《解体新书》。此后，日本人开始借助荷兰语学习欧洲的先进科技，形成新派的"兰学"。

伴随着兰学的兴起，一批介绍各学科基础理论的译著相继出版。到19世纪中期，翻译西方书籍五百多部。兰学的传播非常广泛。1789年（宽政元年），大规玄泽（1757—1827）在江户开设兰学私塾"芝兰堂"，授徒百余人。一大批兰学私塾在江户、大阪、京都、长崎等地开办起来，培养了许多人才，有些人成为推动社会革新的中流砥柱。例如，明治初期日本兵制的创办人大村益次郎，日本资产阶级思想启蒙家福泽谕吉（1835—1901）等。兰学在民间的流传，启发了民众批判社会现状的意识，为明治维新的到来埋下了历史性的伏笔。

与兰学同时兴起的还有国学。国学的初始是对日本古典文学的研究，如对《万叶集》的研究。到18世纪后半期，一些学者在《古事记》《日本书纪》等历史书籍的研究中，产生了复古的思想主张。

国学派的代表人物是商人出身的本居宣长（1730—1801）。他坚持认为，《古事记》记载的神话就是真实的事实，就是真理。鼓吹皇室的祖神就是传说中的天照大御神，要绝对信仰。他的神学世界观和回归古代的神道精神，构成了复古国学的中心思想。

18世纪末至19世纪初，武士出身的平田笃胤（1776—1843），受本居宣长的影响，建立其独有的神道学，使复古国学论越发地神秘化、宗教化，猛烈抨击和排斥佛教、儒教，主张日本是"万国的根本之国、崇高的祖国"。

国学派还从朱子学的"名分论"中演绎出"尊王论"。平田笃胤和其子平田铁胤认为,天皇绝对神圣,提倡"尊王论"不是为了提高幕府的权威,而是要将权威还于天皇。这种尊王论,在幕末时期深受下层武士和农民阶级的欢迎,为日后天皇取代幕府提供了思想动力。

此外,也有反映农民要求的思想。农民思想家安藤昌益(1703—1762)主张"直耕安食、直织安衣",对武士的不劳而获加以批判。

在幕府后期,儒学增长了日本的学识,兰学拓宽了日本的视野和见识,而国学思想则增强了日本民族的自我意识。在这些基础上,日本又出现了"经世论"。"经世论"主张改良封建制度,建立统一的皇统国家,肯定商业资本,主张向海外侵略。主要代表人物有工藤平助(1734—1800)、林子平(1738—1793)、本多利明(1743—1821)、海保青陵(1755—1817)、佐藤信渊(1769—1850)等。

18世纪末,许多藩也设立藩校,教育藩士。最多时有二百八十所左右的藩校。教授的内容,最初是朱子学等儒学,逐渐加设洋学、国学、军事学、医学、武艺等学科,也向平民化推广,并根据年龄和学习能力而设立不同年级。此外,村吏、僧侣、神官、武士、町人等还开办了民间私塾,教授读写和算术等课程。

随着各种学校的开设,教育逐渐普及。1841年(天保十二年)水户藩创办的"弘道馆",规模大,学员多,逐渐成为幕末"尊王论"的思想营地。而1855年(安政二年)幕府设立的洋学所,不仅开设英、法、德、俄等外语,还传授西洋地理、历史、理化、兵学等知识,为明治维新的到来和日后移植西方政治文化打下了基础。

我升起了日本帝国未曾见过的"第一面领事旗"。严肃的反思——巨变的前兆——新时代毫无疑问地开始了。

——[美]顿赛德·哈里斯

32.佩里叩关

早在19世纪初期，英、俄、美等国就开始不断派使节到日本，要求开港通商，均遭到德川幕府的拒绝。1842年（天保十三年），幕府发布了《薪水令》，显示其锁国政策略有松动。但在1844年（弘化元年），一直与日本有贸易往来的荷兰敦促日本开放门户时，依然遭到幕府的拒绝。1846年（弘化三年），美国东印度舰队司令比德尔率舰队抵达日本浦贺，递交了波尔克总统致幕府将军的亲笔信，要求日本开国通商，同样被拒绝了。

1852年（嘉永五年）3月，为了打开日本国门，美国调来美墨战争中的英雄马修·卡尔伯莱斯·佩里（Matthew Calbraith Perry，1794—1858）出任东印度舰队司令，佩里有着美国"蒸汽动力军舰之父"的称号。1853年（嘉永六年）7月8日，佩里舰队出现在扼守江户湾要冲的浦贺近海。警卫海岸的日本官兵被突然逼近的黑色巨舰吓得目瞪口呆，一边紧张地注视着浓烟翻滚、炮口骇人的庞大怪物，一边向浦贺奉行所发回急报。这就是著名的"黑船[①]事件"。

7月14日，佩里与300多名美国官兵全副武装登陆。离登陆地点不远处，4艘军舰一字排开，炮口在阳光的照射下，发出寒光。在军乐队的伴奏下，美军官兵队列整齐地行进着，59岁的佩里昂首挺胸走在最前面。锁国以来，外国军人首次踏上日本国土。佩里后来在他的报告中说："我很清楚，我越是摆出一副不可一世的样子，越是盛气凌人，这些重外表和仪式的人就会越发尊重我。"佩里再次递交了美国总统要求日本开国的亲笔信。离开时，佩里与幕府官员约定，第二年春天来听答复。

美国的武力叩关引起幕府上下一片哗然，持"攘夷论"和"开国论"的两派展开辩论。"攘夷论"主张日本国体的尊贵，如遇外族入侵必须回击。"开国论"认为，同外国通商是大势所趋，若不自量力地贸然攘夷，就是盲目排外，不如开国后通过贸易生产，输入近代科技文明，以谋国家开化、富强。

主张维护国体、反对美国威吓的意见一时占了上风。临朝听政的孝明天皇（1846—1867年在位）等皇室公卿是"攘夷论"的支持者。越前藩、佐贺藩、长州藩、土佐藩等各藩主也主张以武力驱逐外夷，并积极备战，希望借此充实国力、振奋士气。

开国论者，也不是都同意立刻接受美国的通商要求。萨摩藩大名岛津齐彬主张求和避战，以缓兵之计，争取加强防备的时间；筑

[①] 当时，为了与中国、安南、暹罗等地唐系船只区别开，也为了防腐防水，经过印度洋的欧美船只大都用涂料把船身漆成黑色，因此称为"黑船"。

前藩大名黑田长傅主张"以夷制夷",即给美、俄两国像荷兰那样的贸易待遇,抵制英、法等国的通商要求。

人们畏惧变革,又反抗传统。各方意见不一,幕府老中阿部正弘也是心中无数,最后决定等美国使者再来时,不予明确答复,采取稳妥措施。

1854年(安政元年)2月,佩里率7艘舰船、500多名官兵再次兵临城下。这次,还特邀中文翻译威廉斯及其秘书中国人罗森同行。面对美国战舰甲板上的61门火炮的威胁,幕府被迫屈服。经过一个多月的谈判,1854年3月31日,双方在神奈川签订了用英、日、汉、荷四种语言写成的《日美亲善条约》。条约规定:日本对美国开放下田、箱馆两港;日本保证向途经开放口岸的美国船舰提供煤炭、淡水、食品及其他所需物资;日本有义务援救遭遇海难的美国船只及人员;美国可在两个港口设领事馆,日本给美国最惠国待遇等。日本国门从此洞开。

随后,英国、俄国和荷兰也同日本签订了类似的条约。在日俄条约中,还增加了治外法权以及设长崎为开港城市的条款,并划定了日俄在千岛群岛的边界。

1856年(安政三年)8月21日,首届美国驻日总领事顿赛德·哈里斯(Townsend Harris,1804—1878)乘"圣加辛特号"军舰驶入下田港。在得到领事裁判权和在开港地的久居权之后,又于1858年(安政五年)7月迫使日本签订《日美修好通商条约》。规定日本向美国增加开放神奈川、长崎、新潟和兵库等五港口及江户、大阪两城市;承认美国人在开港地的居住权和公使领事驻在权;尊重自由贸易的原则，双方的民间贸易不受任何限制，日本官员不得干涉；外国货币可在日本国内自由流通，内外货币自由交换，铸币和当地金银可免税输出输入；美国驻日使节拥有领事裁判权；日本与欧洲国家发生争端时，美国可应日本请求作为委托人居中斡旋、调停；条约有效期为十四年，届时可改订新约等。

随后，荷、俄、英、法等国也先后与日本订立了通商条约，取得自由贸易权、关税协议权、领事裁判权等一系列殖民特权。1858年时值安政五年，因而上述条约亦称"安政五国条约"。

日本国门在毫无准备的情况下匆忙打开，一系列的条约给日本社会带来了剧烈震荡和变化。尤其是《日美修好通商条约》规定金银可免税输出、输入，导致日本黄金大量外流，仅1859年（安政六年）下半年就高达100万两。市场陷入混乱，物价持续上涨，米、面、盐等生活必需品的价格高涨不落。农民、贫民和下级武士的生活举步维艰，反抗幕府、抵抗外来势力的运动频频发生，社会动荡不安，日本进入危机四伏、前途未卜的动荡时期。

无论是在家庭生活里还是在政治领域中，日本人都有严格的等级划分。只有这样，日本人才会感到安全。所以，很大程度上，明治维新虽然是反对封建旧制的，但它是利用了日本民众对封建等级制的无条件遵从而得以成功的。

——［美］鲁思·本尼迪克特《菊与刀》

33. 倒幕运动

在开国之前，日本天皇长期被放置一旁，国家政事已经与之无关。然而，在佩里叩关之时，以老中阿部正弘为首的幕府当权者，因无力应对佩里，破例向皇室和诸侯们征询意见，将天皇拉回政治舞台中央。同样，公卿贵族以及强藩大名们也有了参政议政的机会。

天皇的复出，使得以天皇为旗号的"尊王论"再度泛起。而天皇反对开国的主张又与"攘夷派"不谋而合，致使"尊王"和"攘夷"结合为"尊王攘夷"论。这种忠君排外的封建思想，很快成为各藩下级武士网罗社会势力、否定幕藩领主制度、反对侵略、维护民族独立的"政治发动机"。

1858年（安政五年），幕府大老井伊直弼（1815—1860）在未取得孝明天皇同意的情况下，自作主张与美国签订了《日美修好通商条约》，这一决定惹怒了天皇和一些强藩，导致朝廷和幕府的对立。随后，幕藩对立两派都派人到朝廷争取支持。各藩武士、浪人也聚集京都，要求朝廷抑制幕府的独断专行。井伊直弼残酷地镇压了反对派，桥本左内、吉田松阴等数名藩士被处死，涉案大名被抓，皇室公卿、家臣、武士、儒者、藩士等近百人被流放或判刑，史称"安政大狱"。

1860年（万延元年）3月，"安政大狱"的制造者井伊直弼被水户藩的志士刺杀而死。

随后，天皇朝廷和幕府迫于形势转向联合，采行所谓"公武合体"，撮合孝明天皇之妹和宫与幕府将军德川家茂联姻。此事得到了大多藩主和上层武士的支持。但是，以下级武士为主的尊王攘夷派却坚决反对。于是，形成了公武合体派与尊攘派对立的局面。

在长州藩，尊攘派把公武合体派逐出藩政府，成为尊攘派的基地。长州藩与朝廷中激进的公卿大臣联合起来，迫使幕府下令各藩实施攘夷行动。1863年（文久三年）5月10日，长州藩炮击了外国船只，实践"攘夷"行动。尊攘派的行动遭到掌权的各大藩主的反感。同年8月18日，在公武合体派的操纵下，发动政变，铲除长州藩在京都的军队以及尊王攘夷派势力，史称"八一八政变"。

长州藩此前炮击外国商船和军舰、封锁下关海峡的"攘夷"行动，激怒了欧洲列强。1864年（元治元年）9月，英、美、法、荷四国联合舰队进攻下关，攻陷了所有炮台，长州藩被迫求和。

此外，萨摩藩也是一个"攘夷"重镇。1862年（文久二年）9月，因行路纠纷，萨摩藩武士在神奈川县的生麦村杀死英国商人。

次年7月，七艘英国军舰开进鹿儿岛，炮击萨摩藩，炮台被炸毁，市区一片火海，萨摩藩被迫接受"赔偿""惩凶"等停战条件。

在下关战争和萨英战争的打击下，尊王攘夷派明白了实力的差距，转而认为要想抵御西方势力、保障国家安全，首先必须打倒腐败无能的幕府。因此，尊王"攘夷"的矛头转向尊王"倒幕"。

1865年（庆应元年）5月，长州藩的倒幕势力再度兴起。幕府也开始筹划第二次"讨长之役"。同年9月，长州藩从英国商人格拉沃手中购得大批军火备战。1866年（庆应二年）3月，经过土佐藩的坂本龙马、中冈慎太郎的斡旋，西南两大强藩长州藩和萨摩藩秘密建立"萨长同盟"。7月14日，幕府下令二十余藩进军长州藩，但由于萨摩藩拒绝出兵，加之长州藩有备而战，幕府军屡战屡败。同时，全国性的农民和贫民暴动规模空前扩大，又逢幕府将军德川家茂去世，幕府便草草结束了战争。

1867年（庆应三年）1月，主张公武合体的孝明天皇去世，年仅15岁的太子睦仁即位。皇室公卿三条实美（1837—1891）、岩仓具视（1825—1883）等立即与倒幕强藩密切合作。同时，见风使舵的英、法列强也从辅幕政策转向倒幕政策。倒幕的内外条件日臻成熟。

但是，幕府并不打算从此退出历史舞台，10月，幕府将军德川庆喜接受了土佐藩的建议，决定以退为进，向朝廷提出"大政奉还"之策，表示将政权归还给朝廷。在德川庆喜看来，天皇朝廷长期疏于政治，即使给他权力，也需要依赖幕府来维护政权统治，幕府还会是最终的赢家。

德川庆喜的如意算盘刚刚打定，倒幕派则决定通过政变夺取政权。随后，在萨摩藩与长州藩的影响下，土佐藩也决心联手诸强藩共同讨伐幕府。

12月9日，讨幕派西乡隆盛率领萨摩、土佐、芸州、尾张和越前藩士向亲幕府派公家和大名施压，迫使天皇颁布了《王政复古大号令》，宣布废除幕府，剥夺将军的内政和外交大权，一切权力重新归于朝廷。同时，倒幕派组成新政府，设置了"总裁""议定""参与"三职。由有栖川宫炽仁亲王（1835—1895）任新政府总裁，向国内外宣布，唯有以天皇为中心的日本政府才是合法政府。

新政府的成立，直接威胁着幕府的存亡。德川庆喜立即召集英、美、法、荷、意、普（德）六国公使，声称"外交权力仍旧掌握在幕府手中，王政复古无效"。而倒幕派则命令大批浪人在江户城里纵火和袭击幕府派宅邸，以示回应。随即，幕府内部"讨伐萨长两藩"的声浪高涨。1868年（庆应四年）1月，在幕府将军德川庆喜的号召下，幕府军从大阪向京都进军，发起反击。在京都附近的鸟羽、伏见地区，与以萨摩藩和长州藩为主的新政府军激战了三天。结果幕府军大败，德川庆喜从海路退回江户。得胜的新政府组派东征军，反攻关东地区，兵临江户城下。幕府军兵无斗志，献城投降。5月，东征大军占领江户。

德川庆喜投降后，一批顽固的幕臣流窜到东北地区，以会津藩为中心组成"奥羽越列藩同盟"与新政府继续对抗。9月下旬，新政府军依靠农民的支持，攻下会津的若松城，结束了本州的内战。11

月，东北地区的叛乱被平定。12月末，欧美各国取消"局外中立"的声明，承认新政府是合法政府。

这时，幕府海军将领榎本武扬率八艘军舰和幕府残兵逃至北海道，于1868年（明治元年）12月建立"虾夷共和国"。同年6月，在新政府军的进攻下，榎本武扬投降。6月27日，这场内战性质的倒幕运动彻底结束。因为战争发生在农历戊辰年，因此也称为"戊辰战争"。

⑤ 百年维新成就军国主义

(1869—1945)

随着日本人对世界的认识越来越多,他们开始发现,中国并非世界的中心,并认识到中国的弱点,因此他们想,"我们应该重新定位了"。直到明治时期的现代化改革者彻底推翻德川幕府,日本才彻底摆脱了与中国之间的学术牵绊……这也是日本举世瞩目的现代化进程的开端,更是它最终陷入军事冒险主义并在战争中被击败的开端。

——[英]戴维·皮林《日本:生存的艺术》

34.明治维新

新政府取代幕府之后,一方面巩固以天皇为首的政权,另一方面为实现民族振兴、建立近代化的独立国家实施了一系列的改革。全力扶植资本主义工商业经济,向西方国家学习,破除封建主义旧文化,决心走富国强兵之路。

早在讨幕过程中,新政府就着手制定各项政治纲领和方针政策,为进行改革做好准备。1868年(庆应四年)3月14日,明治天皇率领公卿、诸侯及文武百官在紫宸殿向"天神地祇"宣誓,颁布新政府施政纲领——《五条御誓文》。同年的6月11日,又颁布《政体书》,即政治体制和组织法令。

7月,江户改名为"东京"。9月,改年号为"明治",规定一代天皇一个年号，即"一世一元"制。同年，天皇及政府机构从京都迁至东京。

为了加强中央集权，1869年（明治二年）6月，明治政府命令各藩"奉还版籍"，将领地和藩民的统治权上交中央政府，旧藩主成为中央任命的藩知事即地方官员，领取俸禄生活。两年后，又实施"废藩置县"制，即废除全国各藩，统一为府、县。最初共有3府即东京、大阪、京都和302个县，后改为3府72县，1888年（明治21年）合并为3府42县。废藩置县的成功，为日本发展资本主义经济奠定了行政基础。

同时，明治政府进行了官制改革。除太政大臣三条实美、右大臣岩仓具视等少数公卿外，政府的要职都由萨摩藩、长州藩、土藩和肥藩等武士出身的藩士担任。

1869—1872年间，明治政府连续颁布法令，改革等级身份制度和俸禄制，推行"四民平等"，将国民分为"皇族""华族""士族""平民"四等。废除了公卿诸侯等贵族称号，与旧藩主一并改为"华族"，是为仅次于皇族的贵族阶层；藩主以下的武士改为"士族"；取消"秽多""非人"等贱民称呼，与过去的农、工、商统称为平民；准许武士从事工商业，平民也可以担任文武官职。

在俸禄制改革中，受冲击最大的是被改为"士族"的武士。最初几年，士族和华族一样依靠政府逐年减少的俸禄生活。到1876年（明治9年），明治政府颁布《金禄公债证书发行条例》，一次性发放"金禄公债"，从此买断了封建俸禄制度。但华族所得的公债额是普通士族的上百倍。华族与少数上层士族把所得的高额公债转化为工商业资本,或者用公债购买土地,由此产生了新一批资本家和新地主。

为解决士族的人员分流和生活困难问题,明治政府优先录用旧士族充任官吏、教师、军人、警察等公职,奖励士族到地广人稀的北部地区或北海道开垦荒地,并要求各府县向士族低价出售土地。但是,多数中下级士族都成了小生产者、工资劳动者、佃户和人力车夫。

废藩置县后,明治政府又着手实施土地改革。1871年(明治四年)10月,废除过去农作物栽培品种的限制;1872年(明治五年)3月,允许土地进行买卖;10月,允许农民从事其他职业。

1873年(明治6年)7月,颁布《地税改革条例》,至1879年(明治12年)逐渐完成地税改革。结果是加重了农民的负担,确保了政府的财政收入。据统计,1875年(明治8年),土地税收入为5034万日元,几乎等于全国税收的总额5072万日元。

从地税改革中获取的庞大资金,为明治政府发展资本主义经济提供了必要的财政基础。1870年(明治三年)12月,总管工业建设的工部省成立。引进西方的技术设备,对废藩置县时接管的藩营军事工厂进行改造,建立了日本近代军事工业。如在东京、大阪开办炮兵工厂,在横须贺、长崎建立造船厂等。1873年10月,又设立内务省,主管农业、产品加工、海运等产业。

明治维新初期,政府对官营工厂投入大量资金,输入先进设备,在铁路、矿山、造船、机械、水泥、玻璃、纺织、制丝等产业建立了数十家近代工厂。同时,鼓励民间资本仿效政府投资近代工业、兴办工厂。

1880年（明治13年）起，明治政府颁布《出售官营工厂条例》，将许多官营企业低价处理给予政府关系密切的特权商人。此外，政府还进一步扶植私营企业，并以多种形式贷款给民间企业和个人。据统计，自1873年至1881年（明治14年）发放的贷款总额达5300万日元，贷款对象主要是特权商人、新兴财阀，以及与军事有关的企业。

与此同时，明治政府还废除各藩设立的关卡，撤销工商业行会制度和垄断组织，奖励贸易，统一货币，创办银行，发行纸币，设立邮政通信机构，促进铁路及海运的发展，为新型经济的出现创造条件。在农业及畜牧业方面，设立育种场、种畜场。

此外，明治政府还大力发展教育。1871年7月，明治政府设立文部省（教育部）。第二年，仿效法国制定了统一的学制，采取以欧美制度为蓝本的新教育制度，全力培养本国人才，发展自主科技。1886年（明治19年），设置东京帝国大学作为最高学府，只要能通过选拔考试，任何国民都有希望进入大学就读，东京帝国大学法学院的毕业生，任职公务人员不需考试就可担任较高的职位。在国家派出的留学生队伍中，还出现了皇族、僧人以及高级官员的身影。同时，明治政府还引进、招聘外国专家来日任教。1872—1898年间，日本官方聘用的外国专家达6193人，民间聘用的外国专家达12540人。多数外国专家是教授、工程师和技术人员。为了聘用这些外国专家，明治政府不惜重金。当时太政大臣三条实美的月薪为800日元，而一位英国专家的月薪却高达2000日元。新的教育制度刺激了国民的向学心。

随着西方先进技术和人才的引进，西方的学术思想、社会文化和风俗习惯也传入了日本。但是明治政府仍然对西方宗教加以限制。在生活习俗方面，明治政府则大力推行西化，鼓励穿西服、理短发、吃西餐、住洋房等。有些政府官员甚至相信，只要打扮成欧洲人的模样，就能说服西方列强放弃不平等条约。

富国强兵是明治维新的最终目标，因此，政府刻意加强国防力量。1871年9月政府改组兵部省，设立陆军部和海军部。1873年颁布《征兵令》，规定年满20岁的男性均有服兵役义务，并仿照欧美组建了一支常备军。此外，明治政府还建立了近代警察制度。

征兵制把陆军分为常备军（服役三年）、后备军（第一、第二后备各两年）和国民三军。士兵分为步兵、炮兵、骑兵、工兵、辎重兵五个兵种。为了确保常备军的实力，明治政府大力改进军事装备，引进新式武器，设立军事院校，培养军事人才。当时，对于多数日本青年来说，接触现代化的渠道就是军队。服役期间，他们身着西式军装、住西式兵营、学习西方军事科技，同时接受日本政府民族主义思想教育，即尽忠勇、尊君王的军国主义教育，不少人是进入军队之后才学会读书写字。

明治维新将日本从一个封建落后的国家，带入了近代资本主义国家。但是，由于国家的领导权落在武士出身的封建藩主手中，最终还是将日本引向了军国主义的道路。

当前应同欧美各国增进信义，在此期间养蓄国力，要分割易于夺取的朝鲜、满洲、中国，使之服从，在交易上失于欧美的，应在土地上从朝鲜、满洲得到补偿。

——［日］吉田松阴

35. 向外扩张

明治维新之后，"文明开化"的日本走上了资本主义的发展道路，逐渐成为一个现代国家，统治者们有了自信心，决心走出去与美英等国平等对话。

1871年（明治四年）11月，明治政府派出掌握新政权最高权力的右大臣岩仓具视，率领由一百零六名高级官员组成的大型使节团，前往美国与欧洲，试图修改幕府时期签订的不平等条约。使节团访问了美国、英国、法国等欧美十二个国家，最后由马赛起航，经雅典、斯里兰卡、新加坡、西贡、香港、上海回国，历时二十二个月。结果是，美英等国完全未予理会日本政府的要求，不平等条约没能修改成让使节团成员备有挫折感。同时，使节团在亲历欧美各国后，对西方诸国发达的科技羡慕不已，也重新认识了西方文明，也意识到，只有自强发展，才有可能获得平等、独立。

于是，明治政府学着西方的样子，向朝鲜提出门户开放的要求。遭到拒绝后，西乡隆盛（1827—1877）、板垣退助（1837—1919）等人主张武力征讨，鼓吹"征韩论"。但是，回国的欧美使节团成员岩仓具视、大久保利通（1830—1878）等人坚决反对，认为日本的当务之急是发展国力，征韩时机尚未成熟。由此，明治政府第一次出现了内部分歧。在双方对峙之时，1873年（明治6年）10月，天皇下达"整顿国政，富国文明之进步，乃燃眉之课题"的圣旨。西乡隆盛、副岛种臣、后藤象二郎、板垣退助和江藤新平等人被迫辞职，随后，大约六百名支持"征韩论"的官僚也纷纷辞职。史称"明治6年政变"。

这一事件的另一后果是对外扩张的主流思潮在日本迅速泛起。

其中，最具代表性的言论是1875年（明治8年），日本启蒙思想家福泽谕吉撰写的《文明论概略》，文中宣称，从文明进化的角度来说，欧美是最发达的文明，中国、日本、土耳其并列处在半开化阶段，而朝鲜则是野蛮国家。认为文明国家应向野蛮国家推广文明，手段就是强大的军事力量。

在主流思潮的助推下，明治政府一面对欧美各国采取无奈的妥协态度，一面对亚洲邻国摆出咄咄逼人的气势。

1875年9月20日，日本"云扬"号军舰侵入江华岛附近，蓄意向守岛的朝鲜军队寻衅，但遭到炮击，酿成"江华岛事件"。明治政府借口此事，强迫朝鲜缔结了《日朝修好条规》，朝鲜增加了开放港口，给予日本领事裁判权、免除关税等待遇。

在侵略朝鲜的同时，明治政府也开始了对中国的侵略。1870年（明治三年），日本派使节向清政府提出，日本要与欧美各国享有同样的在华地位。1871年双方缔结了《日清修好条规》。对此，日本并不满意。1873（明治6年）7月，日本派遣大使副岛种臣出访中国清政府，与清政府交换《日清修好条约》批准文书。随行的副使柳原前光到总理衙门拜见了办事大臣毛昶熙和董恂，期间，双方谈起了台湾土著杀死琉球①漂民事件。闲谈中，毛、董二人无意间门流露出"杀人者皆属生番"，系化外之民意思，结果被日本人抓住了话柄。随后，日本以"化外之民"不归中国政府治理为由，否认台湾是中国的领土，借机开始策划兴兵侵略台湾地区。

1874年（明治7年）4月，明治政府设立"台湾蕃地事务局"，5

---

① 琉球又称琉球群岛，位于中国东海东部。在我国明朝《殊域周咨录》中，明朝将周边国家按地理方位分列为东夷、西戎、南蛮、北狄四个部分。其中地处东夷的是：朝鲜、日本、琉球三国。明洪武五年（1372）明太祖朱元璋派"行人"杨载出使琉球，诏谕："朕为臣民推戴，即皇帝位。定有天下之号曰大明，建元洪武。是用遣使外夷，播告朕意。使者所至，蛮夷酋长称臣入贡。惟尔琉球，在中国东南，远据海外，未及报知。兹特遣使往谕，尔其知之。"当时，琉球群岛上分为山南、中山、山北三国，此后，三国陆续向明廷朝贡。1429年，中山国巴志先后攻灭北山、南山统一琉球群岛，明朝于宣德五年（1430年）派遣柴山出使琉球，册封巴志为王，赐姓"尚"，赐国号"琉球"。此后，琉球使用明朝年号，成为明朝的藩属国。明亡后，琉球继续向清政府朝贡。1663年，琉球正式被清王朝册封，琉球使用清朝年号，向清朝纳贡，历代琉球王都向中国皇帝请求册封，从未间断。但是，1609年（庆长十四年），日本萨摩岛津氏遂率军攻打琉球，迫使琉球也向日本幕府朝贡。直至1871年，琉球处于"一国两属"状态。1871年，66名琉球岛民漂流到台湾南部，其中54人被当地的原住民（排湾族人）杀害。1872年，日本强迫琉球断绝与中国的一切关系，未经琉球国同意，擅自将往来文书中"琉球国中山王尚泰"的称呼改成了"琉球尚泰"，封尚泰为琉球藩王，列为一等官，设置琉球藩。1879年4月4日，强行吞并琉球国，废藩置县改为冲绳县，将其纳入日本版图，琉球王国灭亡。

月入侵台湾。清军渡海与台湾人民联手保卫台湾、抵抗日军，最终日本因国力不足而急于求和。但是，在英、美、法的调停下，李鸿章与日本全权大使大久保利通签订了中日《北京专约》。承认日本出兵中国台湾为"保民义举"，"中国不指以为不是"；中国对遇害家属给予抚恤银10万两，再出银40万两，购买日军在中国台湾修建的道路、房屋。中国所给银两，在日军退尽之日付清。

日本侵略中国领土台湾不仅没有得到惩罚，反而从软弱的清政府手中获得了白银50万两的巨额赔款。如此轻而易举地夺取财富，怎能不刺激日本的侵略野心呢？

1881年（明治14年），福泽谕吉又在《时事小言》中扬言：日本已基本达到"文明"程度，因为日本"国内政治基础业已巩固，达到可赖安宁之阶段，须将目光转向海外，振兴国权"。

1882年（明治15年）7月，朝鲜发生动乱，日本军事教官被杀，日本使馆被烧。日本出兵朝鲜，迫使朝鲜赔偿损失，承认日本在朝鲜京城拥有驻兵权。1884年（明治17年）12月，朝鲜再次发生政变，亲日势力建立新政权，清兵应朝鲜之请，进入朝鲜击败了日军，救回被挟持的朝鲜国王。

1885年（明治18年）2月，日本派遣伊藤博文（1841—1909）为全权大使、陆军中将西乡从道为副使，出使中国，对清政府展开恐吓外交。清政府代表李鸿章采取苟安、妥协方针与之签订了《天津条约》。从此，日本获得了临机派兵干预朝鲜的权利，为向朝鲜半岛的侵略敞开方便之门。

1885年，福泽谕吉继续在《时事新报》上发表《脱亚论》，提出"脱亚入欧""与西洋文明国共进退"。坦言:"我国不应犹豫,与其坐等邻国的开明,共同振兴亚洲,不如脱离其行列,而与西洋文明国共进退。对待支那、朝鲜的方法,也不必因其为邻国而特别予以同情,只要模仿西洋人对他们的态度方式对付即可。"

1890年(明治23年),陆军大臣山县有朋(1838—1922)在其《外交政略论》和《第一次帝国议会上的施政方针演说》中声称:"要维持一国之独立,仅仅守卫主权线是决然不够的,必须进而保卫利益线",而"保卫利益线"就必须侵犯邻国主权。

这些向外扩张的思想,如同一针针催化剂,不断地注入明治政府的对外政策之中,强化了其"弱肉强食,强权政治"的路线。尤其是武装吞并朝鲜、侵略中国等周边国家的向外扩张政策,逐渐成为日本政府所主张的所谓"大陆政策"。

我要对诸位说,你们都拥有相同的一件法宝……那就是自由权。如果不伸张民权,不争取自由,幸福也好,安乐也好,都是得不到的。

——[日]植木枝盛

---

36. 自由民权运动

自由民权运动的发起人是"征韩派"成员。当初,征韩派离职之后,江藤新平、西乡隆盛等人采用武士传统的斗争方式,即以武力反对新政权,结果身败名裂。而板垣退助、后藤象二郎、副岛种臣等士族出身的知识分子们,则以团结民众、组织政党的方式延续其政治生命。

1874年(明治7年),板垣退助、后藤象二郎等人成立了"爱国公党",提倡"天赋人权",向政府提出《设立民选议院建议书》,并批判岩仓具视、大久保利通等专权者,要求设立民选议院,给予人民选举权。建议书遭到政府的拒绝,"爱国公党"也仅存两个月而解散。

之后,板垣退助、片冈健吉等人在其故乡高知县组成"立志社",继续大力提倡"天赋人权"。在"立志社"的影响下,日本各地兴起集会结社之风。1875年(明治8年)2月,以"立志社"为中心，各地的政治团体在大阪举行集会，并建成"爱国社"，推进民权运动。

为了缓和形势，明治天皇发布了逐渐建立立宪政体的诏书，废除左、右两院，设置元老院和大审院；并拉拢自由民权派的中心人物板垣退助再度入阁（后辞职）。同时，公布《新闻纸条例》和《谗谤律》等法令，加强对民众的言论控制。1875年4月，爱国社解散。但在社会各阶层的推动下，同年9月又在大阪召开了恢复大会，自由民权运动开始向全国发展。

1877年（明治10年）6月，立志社再次向明治政府提交设立民选议院的建议书。提出"开设国会""减轻地税""修改不平等条约"等自由民权运动的三大主张。同时，广泛吸引社会各个阶层参与运动，使自由民权运动成为群众性的请愿运动。1878年（明治11年）9月11日，以立志社为中心，再次在大阪召开重建爱国社大会，全国有十三个县派代表参加。1880年（明治13年）3月15日，爱国社召开第四次全国代表大会，成立了"国会期成同盟"，同时向政府提交请愿书，要求召开国会。一年之中，各地前来东京"请愿"几百次，代表群众24万人。

在社会各界的压力下，政府内部也出现了主张开设国会和制定宪法的声音。1881年（明治14年）10月，政府罢免了主张尽快颁布宪法、召开国会的大隈重信（1838—1922）等激进派官员；同时宣布《国会开设敕谕》，保证十年后即1890年（明治23年）开设民选议院、制定宪法。政府此次表态，是日本向君主立宪制过渡的起点。

政府决定开设国会之后，各种政党纷纷成立。1881年10月2日，以板垣退助为中心的民权运动家组成了自由党。为了同民权系的政党相对抗，1882年3月立宪帝政党成立。1882年（明治15年）4月，由大隈重信任总理建立了立宪改进党，打出了与自由党的激进主义相对立的渐进主义旗号。

随后，各党内的矛盾以及各党之间的互相攻击，逐渐转向激进。加之农民对政府的不满情绪不断高涨，被政党利用，发生了一系列武装抗争事件，致使政府不得不出动军队镇压。1884年（明治17年）10月，自由党解散，立宪改进党的大隈重信等人退党。自由民权运动走向衰退。1887年（明治20年）围绕修改不平等条约等问题，自由民权运动又形成新的高潮，但政府在同年年底颁布《保安条例》，将东京大批民权人士逮捕或驱逐，自由民权运动遂告结束。

自由民权运动虽然以失败告终，但是在这个过程中，因为明治政府采取的是压制和让步相结合的手段，最终还是实现自己的承诺，即制定宪法和召开民选国会。

在自由民权运动中，1882年，政府派内务卿伊藤博文去欧洲考察宪政。伊藤博文发现，在法、英、德三国宪政中，法国议会共和制不可取，英国国王没有实权，只有德国君主立宪政体符合日本的国情。于是，明治政府重金聘请德国法律专家，指导日本起草宪法。

1889年（明治22年）2月，明治天皇亲自颁布了《大日本帝国宪法》，亦称《明治宪法》。宪法规定，"大日本帝国由万世一系之天皇统治之""天皇神圣不可侵犯"。立法、军事、行政、外交等权力全部集中于天皇手里。宪法第四章还规定：以天皇名义颁布的"法律敕令及其有关国务之诏敕，须经国务大臣之副署"。由此表明，天皇拥有最高权威，但是对于国家政策的制定不能独立行使权力。尽管宪法对天皇的权力进行限制，实际上这仍是一部确立天皇制国体的法律。不仅如此，1890年明治政府还颁布了《教育敕语》，告诫日本人应顺服于天皇及其神圣祖先，由此强化对民众的思想统治。

《明治宪法》还规定：帝国议会采取两院制，即由皇族、华族和"敕选议员"组成的贵族院和有一定财产资格的选民选举产生的众议院。两院对立法及政府预算享有议决权，但不经贵族院的同意，法律与预算不能成立。

无论如何，《大日本帝国宪法》的颁布，使日本成为一个君主立宪制国家。同时，《大日本帝国宪法》作为亚洲第一部宪法，为日本资本主义的发展和资产阶级的成长，扫清了封建专制主义的顽石。

日本不希望中国有一个强有力的皇帝，日本更不希望中国有一个成功的共和国。日本所希望的是一个软弱无能的中国，一个受日本影响的弱皇帝统治下的弱中国。

——［日］山县有朋

37. 甲午战争

在入侵中国台湾和干涉朝鲜内政与清军发生冲突之时，日本深感海军力量的不足。随后，日本加快了充实海军舰艇的步伐，并大力扩充陆军编制。1888年，中国北洋水师成立，日本政府便以超过北洋水师为目标充实海军。1890年（明治23年）之后，日本将财政收入的60%用来发展海军、陆军；1893年（明治26年），明治天皇又决定每年从自己的宫廷经费中拨出30万元，从文武百官的薪金中抽出1/10以补充造船费用。日本海军已拥有舰艇29艘，总排水量4.5万吨，另有鱼雷艇6艘、辅助巡洋舰1艘、通信舰1艘。同时，派出间谍到中国和朝鲜搜集军事情报，绘制详细的军用地图，对中国的兵力情况基本上做到了如指掌。

1894年（明治27年）春，朝鲜爆发"东学党"农民起义。6月3日，朝鲜政府请求清政府派兵协助镇压。6月8日，清军首批部队抵朝。存心挑衅的日本政府在得知清军入朝的消息后，派出1万多陆军迅速入朝，抢占从仁川至汉城一带各战略要地；设立战时大本营，作为指挥战争的最高机构。随后，日本政府指示其公使"促成日中冲突，为今日之急务。为断行此事，可采取任何手段"。7月23日，日军悍然攻占朝鲜王宫，成立以大院君李昰应为首的傀儡政府。7月25日，大鸟圭介逼迫朝鲜大院君宣布单方面废除中朝两国间的一切商约，并"授权"日军驱逐屯驻牙山的清军。同日，日本军舰在靠近朝鲜的丰岛海面袭击清朝军舰，不宣而战。同时，击沉清政府运兵船"高升号"[①]，致使800余名将士牺牲，挑起了第一次大规模的侵华战争，史称"甲午战争"。

在遭到日军的突然袭击后，清政府被迫应战。8月1日，中日同时宣战。李鸿章任命叶志超为统帅，驻守平壤。9月15日，5万日军大举进犯平壤，与清军交火。在左宝贵、马玉昆、卫汝贵等将领的指挥下，清军奋勇杀敌。在胜负未分之时，全军统帅叶志超却表现出贪生怕死的懦弱，左宝贵战死后，叶志超带头逃回国内。9月16日，日军占领平壤。平壤攻防战，是中日甲午战争爆发后的首次战

---

① "高升号"是英国怡和公司的商船，被清政府租用为运送援朝清军的运兵船。1894年7月25日，毫无武装的"高升号"，在驶入朝鲜西海岸丰岛附近海域时，遭到日本军舰浪速舰拦截，由于船上清军拒绝下船受降，被日军击沉，871名清军丧命。当时，日军击沉运兵船"高升号"，引起英国舆论界不满。随后日本高价聘请英国法律专家，向英国法院解释称，当时该船已被清兵控制，抗拒日舰拿捕。依英国及国际海事法律，可视为被海盗劫持，故有权击沉。于是，事发当年11月，英国法院最终裁定，日本无过错，清政府要赔偿"高升号"的损失。时任清朝海关总税务司的英国人赫德针对清朝廷的处境直言道："所有国家均向中国表示同情，认为日本这样破坏和平是不对的，但是没有一个国家，采取任何实际行动帮助中国。"

役,清军伤亡近2000人,日军只伤亡180人。

9月17日,双方舰队在黄海激战,历时五个多小时后,北洋水师损失了"致远""经远""超勇""扬威""广甲"5艘军舰,"来远号"重伤,死伤官兵约1200人;日本舰队"松岛""比睿""赤城""西京丸"4舰重创,死伤官兵300余人。北洋水师在遭受重创后,无力出海应战,日本海军掌握了黄海制海权。

10月25日,日军兵分两路进攻中国,迅速占领辽东半岛及大连、旅顺,并在旅顺进行全城大屠杀。英国人詹姆斯·艾伦在《旅顺落难记》中写道:

> 日军进城后,满路都是被杀者的尸体,竟辨不清路来。在一个池塘边,站满了日军,赶着一群老百姓,往池塘里跳。只见水里有断头的、腰斩的、穿胸的、破腹的,搅作一团。有一个妇女抱着一个孩子浮出水面,正往岸边爬来,日本兵就用刺刀对准她当心扎了对穿,第二个就刺那个小孩,只见刺刀往上一挑,小孩就被挑在枪头上。在另一个地方,十个日军兵捉了许多逃难的中国人,把辫子连在一起,当枪靶子打。有的斩了一只手,有的割下一只耳朵,有的斩断一只脚,有的砍头。

面对于无辜的中国平民被杀害,福泽谕吉却叫嚣道:"要排除阻扰世界文明进步的妨害物,一些杀戮自是难免的。"1895年(明治28年)1月20日,日军从山东半岛威海卫南边的荣成湾成山角登陆，陆路抄袭威海卫之背，海军从海上封锁威海卫，北洋水师覆灭在海港之内。3月，在辽东战场，清军节节败退，牛庄、营口、田庄台相继失陷。日军占领了辽东半岛，逼近山海关，清政府决意求和。

1895年4月17日，李鸿章代表清政府前往日本山口县马关（原下关），同日本签订了丧权辱国的《马关条约》，主要内容为中国割让辽东半岛、台湾和澎湖列岛给日本，赔偿军费白银2亿两，允许日本在中国开设工厂，增加开放沙市、重庆、苏州、杭州四座城市以及长江、吴淞江航运线。此时，早已对中国东北地区抱有野心的俄国出面，与德国、法国一起干预割让辽东半岛给日本之事，迫使日本归还辽东半岛给中国，条件是中国付给日本3000万两白银作为"赎辽费"。

历时八个月的甲午战争，是日本近代史上第一次大规模的侵略战争，对日本的发展产生了深远的影响。而对中国却是莫大的耻辱。

战争爆发时，日本国内停止了政治斗争，议员们纷纷向天皇和专制政府宣誓效忠，表示支持政府，赞成军费开支，并为支付庞大的军费募集公债。甲午战争日本胜利的消息让福泽谕吉"难掩兴奋之情，跳了起来"，大多日本人都有与福泽谕吉相似的心情，在日本人心中这次胜利证明了本国的军事实力，意味着日本跻身了强国之林，有了将不平等条约强加给中国的资本。战后，政府提出的扩军计划也顺利得到议会的赞成，军国主义在日本获得了巨大的发展契机，主张"日本应对外侵略，扩张殖民地"的帝国主义思潮甚嚣尘上，尤以德富苏峰的"大日本扩张论"和高山樗牛的"日本主义"最为嚣张。

通过甲午战争,日本不仅获得了侵略朝鲜的有利地位,还从中国掠夺了数亿资产。这笔相当于日本当年财政收入三倍的巨款,极大地充实了日本的国力,为其进一步对外侵略奠定了物质基础。而清政府却背上了向外国借债的沉重包袱。

朝鲜半岛如同锐利的尖刀从大陆直插日本的中心部，它的尖端几乎与对马相连。如果有其他强国占领了半岛，日本的安全就会受到威胁，日本决不能容忍这种事情。

——［日］小村寿太郎

38. 日俄战争

甲午战争之后，清朝的势力撤出了朝鲜，日本希望从此独霸朝鲜。但是，日本政府的美梦被沙皇俄国的扩张大手打破。

这时的日俄军事实力悬殊，日本对沙俄奈何不得。1896年（明治29年）5月，日俄签订了备忘录，日本承认俄国在朝鲜与其享有同等地位。为了与沙俄一争高低，1900年（明治33年）八国联军侵略中国时，日本出动了远远多于俄国的兵力，达2.2万多人，占八国联军总兵力的2/3，以此显示自己的实力。同年，俄国以保护中东铁路和俄国侨民免受义和团冲击为名，出兵入侵中国东北，此举招致日、美、英等国的不满。

就这样，从俄国联手德、法迫使日本归还辽东半岛给中国之时起,到俄国向朝鲜扩张,沙俄的远东扩张与日本的"大陆政策[①]"发生了冲突。正如时任首相桂太郎所说:"俄国这一个敌人,不是东方最大的敌人,而是最急的敌人。"为了扳倒这个与之争夺势力的劲敌,在甲午战争之后,日本政府就制订了十年扩军计划。

经过十年的扩军备战,日本陆军常备总兵力从7万人增至15万人,后备役20余万人,战时编制可达37.5万人(其中包括156个步兵营、54个骑兵连、106个炮兵连、38个工兵连);海军舰艇总吨位从6万吨增加到26万吨,各种舰艇80艘,多数是英国造的新型舰只,性能良好。炮兵和骑兵的规模大为扩充。

为了应付巨额军费,日本政府在国内加征了酒税、地税、营业税和登记税等。并通过报纸向国民宣传,要求民众节衣缩食,"改每日三餐为两餐"。此外,日本资本主义逐渐走向垄断资本主义,为扩充军备做好了经济铺垫。

1902年(明治35年),英国为了牵制俄国的远东扩张,企图借用日本与之对抗,而日本也希望与英国结盟,共同对付俄国,双方签订了《日英同盟条约》。条约规定,英国全面承认日本在朝鲜以及中国东北的利益,日本维护英国在中国的利益。

一切似乎都已准备就绪,十年磨一剑,日本只等时机的来临。

[①] 大陆政策也称为大陆经略政策,是日本"不甘处岛国之境",而立足于用战争手段侵略、吞并中国、朝鲜等周边大陆国家的对外扩张政策。日本的大陆政策开端于"明治维新"初期,经过二十年的准备与发展,在19世纪80年代趋于成熟,在1894年的甲午战争中得以实施。其发端、成熟、实施经历了三十多年的时间,是日本近代长期奉行的最高国策。——白皋《日本近代大陆政策评析》

此时的沙俄已将日本的所有举动看在眼里。为探虚实，1903年（明治36年）6月，俄国陆军大臣库罗帕特金以"到远东视察旅行"为名到达日本。双方进行了一次和平谈判，决心一战的日本态度强硬，日俄关系陷入僵局。随后，俄军进驻朝鲜使形势更加紧张，双双进入战备状态。

当时，沙俄的陆军常备军总兵力105万人，经过训练的后备役达375万人，主力部署在欧洲地区。1903年10月，远东的陆军约12万人，其中约11万人部署在中国东北地区。两个月后，远东兵力增至24万人。海军方面，俄国拥有200余艘战舰，其中太平洋舰队拥有72艘舰船，排水量约为20万吨，分别驻守旅顺、海参崴和仁川等基地。此外还有波罗的海、黑海、里海三个分舰队。

库罗帕特金在访问日本后声称："我们可以在十三天中集结40万军队于日本边境。这是足以打败日本的兵力的三倍。"就这样，沙俄带着蔑视迎接着日本人的挑战。

1904年（明治37年）2月6日，日本宣布断绝日俄外交关系。8日夜，日本联合舰队偷袭了停泊在中国旅顺港内的俄国太平洋舰队。9日，日本巡洋舰队在朝鲜仁川击伤两艘俄国舰艇，受伤的两艘俄舰先后自沉。9日，俄国政府接到旅顺被偷袭的电报，当日对日宣战。10日，日本也发布了对俄宣战诏书，日俄战争正式开始。

日俄战争爆发之后，无能的清政府竟然采取了中立的态度，日、俄两国毫无顾忌地将中国变成其主战场。

战争开始后，日本联合舰队先后三次自毁17艘船沉于旅顺港口，企图将俄国太平洋舰队主力封锁在港内。但是，由于俄军海岸炮台的威力，日军对旅顺港的封锁计划失败。

3月8日，俄国著名海军将领马卡罗夫，被任命为太平洋分舰队司令。马卡罗夫采取了一系列措施，改变俄军的被动处境，给日军造成了很大的威胁。4月13日，马卡罗夫乘坐的"彼得罗巴甫洛夫斯克"号战列舰出海返航时触雷爆炸，马卡罗夫和649名官兵无一生还。之后，新任司令威特盖夫特无胆无能，使海上作战主动权再度落入日军手中。

由于海军迟迟不能歼灭俄国太平洋分舰队，日本转而加强陆地进攻。2月16日至4月中旬，日本陆军第一集团军分别从仁川、平壤西南镇南浦登陆，占领清川江以南地区，进抵鸭绿江边。很快击溃俄军部署在九连城（今丹东市东北）一带的东满支队，进占九连城、凤凰城，直逼辽阳。5月初，日本第二军在辽东半岛庄河登陆成功，月底进抵金州；5月中旬，第四军在辽东半岛大孤山登陆，进占海城；5月底，第三军从大连湾登陆，进逼旅顺。

旅顺争夺战随即展开，日军志在必得。俄军掌握旅顺，威胁着日军的海上交通。不占领旅顺，日军就无法在东北进行大规模的地面作战。但是，从辽阳到旅顺，一路都是易守难攻之地；经过二百二十二天的亡命之战，日军终于攻克了旅顺及港湾二〇三高地，随后以榴弹炮轰击俄军阵地和港内俄舰，使俄军主力战舰毁于炮火之中。1905年（明治38年）1月1日，俄军投降，旅顺落入日军之手。旅顺争夺战，日军死亡1.54万人，伤4.4万人；俄军死亡1.08万人，伤1.96万人。

俄军在旅顺要塞的投降，使日本第三军得以解脱，迅速北上增援其满洲军，与俄军的主力进行奉天会战，并取得胜利。奉天会战，日军投入兵力约27万人，俄军约30万人。最终，俄军损失近12万人，日军伤亡约7万人。

奉天会战后，沙俄政府组建第二太平洋舰队，开赴亚洲支援俄军。舰队路经对马海峡时，遭到已经等候多时的日本联合舰队的猛烈攻击。经过两天激战，俄国舰队只有3艘舰只逃往海参崴，其余19艘被击沉、5艘被俘获，伤亡近5000人。而日军只损失鱼雷艇3艘，阵亡117人，伤587人。至此，俄国已经胜利无望，加之国内爆发了1905年革命，而日本虽然占据上风，但在奉天会战之后也是伤亡惨重，弹药几乎耗尽，无力再战下去。于是，在美国的调停下，双方坐下来谈判。

1905年9月，日俄在美国签订了《朴次茅斯和约》。和约规定俄国承认日本在朝鲜具有政治、经济、军事的优越地位，俄国从中国攫取的辽东半岛及附属的一切权益转让给日本，并将库页岛南部割让给日本。

对此，日俄战争的调停者、美国总统西奥多·罗斯福也不无担忧地说："日本博得了令人惊异的胜利，取得了显著的报酬。日本获得了对满洲及朝鲜的驾驭权，取得了旅大和库页岛南部。又因为击败俄国的海军而自然地拥有强大的海军力量，在太平洋内除英国之外，造成了任何国家也难以匹敌的优势。"

条约签订后，日、俄两国逼迫清政府承认了其在中国的利益。1905年12月，日本又与清政府签订了《中日会议东三省事宜条约》，除了接受日俄《朴次茅斯和约》中的所有规定外，还攫取了中国东北南部的特权。

日俄战争后，日本兴起了自然主义文学，出现了岛崎藤村、田山花袋、德田秋声、正宗白鸟和岛村抱月等一大批作家。此外，石川啄木、正冈子规和二叶亭四迷等作家也开始活跃起来，他们在日本文学史上都占有重要地位。

——［日］岸祐二《我最想知道的日本史图解》

39. 战后震荡

经过日俄战争，日本一跃而为远东的霸主，加入了世界帝国主义俱乐部。这一战打开了日本吞并朝鲜、独霸中国东北的道路，使远东国际格局面临重大转折。日本国内政治、经济和社会也出现了巨大的波动。

日俄战争期间，日本国民忍受着物价飞涨，付出高额的税赋，将儿子、兄弟或父辈送上可能有去无回的战场，全力支持这场侵略中国的战争。日本民众对政府的服从和极端集体主义的支持，并非毫无条件，而是期望能从俄国掠回大把的战争赔偿金，人人都能从中分一杯羹。

1905年（明治38年）9月5日，《朴次茅斯和约》签署的当天，失望的日本民众聚集在东京日比谷公园召开国民大会，反对《朴次茅斯和约》，因为日本得到的只是战略利益，而非民众指望的大笔赔偿金。群情愤怒的日本国民宣布废弃该和约。参会者与警察发生了冲突，民众猛烈地袭击了公园附近的内相官邸，发生烧、打事件，史称"日比谷烧打事件"。骚乱持续了三天，最终被政府军镇压。这次骚乱造成多达1000人伤亡，政府大楼和警察岗亭一片狼藉。

可见，对于日本政府的侵略政策，日本民众所关心的只是掠夺他国的财富，根本无视对别国的伤害。这种自私、狭隘、不论是非的民族主义，自然地纵容了当权者更加肆无忌惮地向他国伸出掠夺之手。

《朴次茅斯和约》之后，日本对朝鲜的控制变得更加理所当然。1905年11月，日本迫使朝鲜签订了《日韩协约》，规定日本在朝鲜设立"统监府"，伊藤博文任首任统监。日本政府对朝鲜的殖民统治遭到朝鲜民众的反抗。1908年（明治41年），朝鲜爆发大规模的武力抗议行动，军民袭击日本驻军和在朝鲜的日本人，伊藤博文则派出日本驻军镇压。1909年（明治42年）10月26日，伊藤博文在中国哈尔滨火车站，被朝鲜爱国者枪杀。这一事件之后，日本决定完全占有朝鲜，1910年（明治43年）8月22日，懦弱的朝鲜政权与日本政府签署了《日韩合并条约》，朝鲜从此沦为日本的殖民地。

这一时期，日本国内大财阀们的资本进入了各产业，在金融、贸易运输等行业逐渐形成垄断集团。政府继续扩大军需工厂的规模，大力保护民间重工业，使造船、煤炭、钢铁等工业生产有了大幅度增长。但是，日本经济实力仍然薄弱。为了筹措巨额的军费，日本政府已背上英、美两国的外债，财政压力巨大。到1913年（大正2年）年末，日本当年财政总收入为7.2亿日元，而外债却高达20.7亿日元，与对外投资8.46亿日元相抵后，外债净额仍达12.24亿日元。

此时的日本政界，军部（陆军参谋本部和海军参谋本部的统称）的政治地位获得大幅度提高。1907年（明治40年）9月，军部颁布军令，宣称军部是直属天皇的军令机关，独立于国政之外，首相无权过问军部事务。1908年又修改《参谋本部条令》，规定："参谋本部掌管国防及用兵事项，参谋总长直属天皇，运筹军务于帷幄，掌管国防及用兵计划。"将参谋本部的政治地位提高到政府和首相之上。

随后，代表军部势力的桂太郎派，不顾日本国力状况，一意主张扩大军备，增设军团。而以首相西园寺公望为代表的文官，则主张撤出辽东半岛，巩固对朝鲜和中国台湾的统治。两派相互争执，对立不断加深。政府内阁也是你方下台我登场，拉锯状态三起三落。

在第二次桂太郎内阁时期，面对工人运动和新兴起的社会主义思想，明治政府采取了暴力镇压，遭到社会各界的反对，桂太郎内阁于1911年（明治44年）8月辞职。随后，第二次上台的西园寺内阁，因否决军部的扩军计划，而遭到军部抵制，被迫下台。

双方相争不下之时，1912年（明治45年）7月30日，明治天皇去世。当日，34岁的皇子明宫嘉仁（1879—1926）登基继位。明治时代画上了句号，"大正时代"到来。

然而，新时代并没有带来新气象。

1912年12月，桂太郎第三次组阁，由于军部的专横霸权招来了更多的反对声浪，议会内部，反对党派对桂内阁提出不信任案，要求"打破阀族，拥护宪政"。这一主张也得到社会各界群众的支持，数万名市民包围了国会，掀起了全国性的"第一次护宪运动"。结果，第三次桂内阁被迫下台。时值大正天皇即位之初，因而又被称为"大正政变"。

今天欧洲的大祸乱，是日本国运发展的大正新时代之天佑。日本国应立即实现举国一致的团结，以充分享受此天佑。……随着战局之发展，英、法、俄三国的团结一致将更为坚固，日本应团结以上三国，以此确立日本在东洋的利权。

——［日］井上馨

---

40. 第一次世界大战中的日本

1914年（大正3年）7月，第一次世界大战爆发。当欧美列强忙于应付欧洲战争之时，日本朝野做出了趁火打劫的决定，希望借此机会提升日本的国际地位。8月15日，日本向德国发出最后通牒，8月23日，向德国宣战。

日本的参战方式就是出兵中国山东省，夺取德国在这一地区的所有权益。9月2日，日军在山东半岛北岸龙口登陆，10月6日占领济南，一个月后占领胶州湾。此外，10月3—12日，日本海军先后夺取了马绍尔群岛、加罗林群岛、耶普岛、特鲁克群岛等德属太平洋岛屿。

1915年（大正4年）1月7日，中国政府照会日本驻华公使日置益，要求日军全数撤回日本。日本不仅拒绝了中国的要求，还向袁世凯政府提出无耻的"二十一条"要求，意欲灭亡中国。其中包含五部分，主要内容如下。

（一）山东问题：承认日本继承德国原先在山东的一切权益。

（二）日本在南满（今东北南部）及内蒙古东部有居住、购地、经营工商农业、开矿等特权。有权长期租借旅顺、大连及南满、安奉两铁路等。

（三）汉冶萍公司改为中日合办，附近矿山不准公司以外之人开采。

（四）中国沿海所有港湾、岛屿一概不准租借或让给他国。

（五）中国政府聘用日本人为政治、军事、财政等顾问；中日合办兵工厂，且必须聘用日本技师；将武昌至南昌、南昌至杭州、南昌至潮州之间的铁路修筑权让与日本；日本在福建省有开矿、建筑海港、开设船厂及筑路的优先权；日本人在中国有传教之权。

此消息一经传出，中国各地民众纷纷举行集会，发表抗议，抵制日货。声讨日本侵略者的浪潮迅速席卷全国。但是，除第五条外，袁世凯政府基本上都满足了日本的无理要求，让日本的侵略势力在中国满蒙和山东地区得到了巩固和扩张，严重损害了中国主权。

贪心不足蛇吞象。日本对中国加紧侵略的同时，对俄国领土也垂涎三尺。俄国"十月革命"胜利后，由于政局不稳，俄国临时政府要求协约国派舰队相助，这为日本向北方扩张提供了可乘之机。

1918年（大正7年）1月，日本借口"保护侨民"，派两艘军舰驶入海参崴港口，8月又出兵1.2万人侵入西伯利亚。到10月底，入侵西伯利亚的日军已达7.2万人。

由于出兵西伯利亚，日本耗费10亿日元的军费。因大量收购军粮，国内市场粮食奇缺，米价暴涨。1918年夏，日本的米价比第一次世界大战前上涨四倍，人民生活状况急剧恶化，引发了著名的"米骚动"。抢米暴动席卷全国三十二县，70万人被卷入。

不久，出兵干涉俄国革命的美、英、法等国军队陆续撤军。然而，贪婪的日本政府却不肯轻易罢手，坚持赖着不走。直到1922年（大正11年），日军驻留地的俄国民众反日情绪高涨，加之美、英两国的压力，日军才被迫撤回日本。

第一次世界大战期间，日本不仅借机向周边地区扩张了势力，还获得了经济发展的绝好机会。由于欧洲大多数国家均卷入战争，其输往中国和亚洲的工业品完全停顿下来。同时，日本还拿到了来自欧洲各国的军需及生活用品的大批订单。因此，日本产品出口量迅速攀升。1914年时，日本进出口总额还不到12亿日元；而1919年（大正8年）时，其进出口总额已翻了3.5倍，达到43亿日元；黄金储备也由1912年（大正元年）的3.5亿日元，激增到1919年年底的20多亿日元。日本从战前负有12亿日元外债的债务国，一跃成为战后放贷28亿日元的债权国。

也是在这一时期，日本停止从欧美等国进口化工产品，政府对工业给予高额补贴和减免税收等优惠措施，使国内重工业和化学工业得到迅速发展。工业总产值超过了农业总产值，日本从农业国迅速转化为工业国。1914年时，日本农业在经济部类中所占比例为45.1%，工业为44.5%；到1918年，工业上升到56.8%，农业则下降到35.1%。

随着工业的发展，工业就业人口也由1914年的109万人增长到1919年的178万人。工业化带动了城市人口的增加，10万人以上的都市由1913年（大正2年）的11座增加到1918年的14座，这14座城市的总人口也从1913年的594万增加到1918年的729万。

此外，工业的发展也推动了资本家队伍的壮大。1914年时，拥有10万日元以上资金、5人以上雇工的资本家不到20万人，到1920年（大正9年）已超过30万人；到20世纪20年代末，进一步增加到40万，远远超过地主阶级的总人数。

伴随资产阶级势力的加强，其参政议政的积极性也持续增强。在"米骚动"之后，寺内内阁下台，资产阶级势力希望打破藩阀执权、军部干政的局面。这时，两位东京帝国大学教授美浓部达吉和吉野作造，分别提出"天皇机关说"和"民本主义"理论，主张宪法与政治民主，要求实施普选，建立政党内阁。民主运动得到日本社会各界的广泛响应，政府不得不顺应民意，于1918年成立了日本历史上第一届现代意义上的政党内阁——原敬内阁。

第一次世界大战给日本经济带来了短暂的繁荣，但随着战争的结束，1919年起，日本经济步入萧条期。在经济危机和社会动荡之时，军部和右翼分子不断制造恐怖事件，日本进入了一个动乱的时代。

——［日］岸祐二

41."一战"后的日本

1919年（大正8年）6月，战败的德国和获胜的协约国签署了《凡尔赛和约》，第一次世界大战正式结束。大战期间，日本趁火打劫，大发横财。战事的结束使日本怅然落寞。

战后，欧洲各国恢复生产，并重返世界市场，使日本在大战期间急速扩大的产业面临生产过剩的局面。日本主要出口产品棉纱、生丝的价格降幅达一半以上，大量企业面临破产。而政府一直采取的救济对策是：政府向日本银行提供补贴，银行发放救济贷款，挽救大量濒临危机的企业。但是，1920年（大正9年），日本股票价格开始暴跌，经济危机突然发生，财政一下子出现亏空。

随后，天灾、人祸接踵而来。

1923年（大正12年）9月，日本关东一带的大地震又引发了火灾、海啸等特大灾难，灾民达350万。在地震后的混乱之时，有些人蓄意散布"朝鲜人冒犯了天神而导致了这场大灾难"的谣言。日本警察也散布了"朝鲜人要举行暴动"的谎言。于是，军队、警察和市民自发组织"自警团"开始肆意残杀在日朝鲜人。结果，约6000名朝鲜人遇害，约700名中国人被杀。

1926年（昭和元年）12月25日，大正天皇去世，皇太子裕仁继位，日本进入动荡不安的"昭和时代"。

经过关东大地震的日本经济更是如同雪上加霜，危机之下，日本政府采取了很多措施力图恢复国内经济。比如，透过日本银行发放巨额贷款，对主要企业进行救济；颁布产业法，实行产业合理化整顿；颁布信托法和改革银行条例；等等。

这些措施加速了垄断资本和金融资本的形成。三井、三菱、住友、安田、浅野、大仓、古河、川崎八大财阀，垄断了金融、贸易、运输、矿山等除了国家资本和纺织会社之外的其他全部产业。八大财阀的资本占全国企业资本的64%。

1929年（昭和4年）10月24日，纽约证交所股市崩盘，美国爆发经济大萧条，并迅速席卷世界。持续萧条的日本经济，遭到更加严重的打击，出口额骤减，企业纷纷破产，失业队伍越发庞大。1930年（昭和5年）中期，破产的中小企业达到830家，减资企业311家，解散和减产的资本总额达到58.2亿日元。1931年（昭和6年）失业工人达31万余，到1932年（昭和7年）增加到近49万，连同半失业者，共达到300万。

经济危机中，日本农业也遭到同样的打击。生丝和稻米的价格暴跌到成本价之下，农副业也遭受了沉重打击。1931年，日本的蚕茧总产值仅相当于1929年的42%，全国40%的养蚕农户面临严重的生存困境。1929年，全国农家负债总额约46亿日元，1932年增加到55亿日元，每户农家平均负债达900日元左右。而养蚕大县福岛县，1931年每户农家平均负债达1437日元。

1931年全国农民的收入不足1926年（大正15年）的一半，加上城市失业者纷纷回乡务农，租地竞争加剧，农民的生活如雪上加霜，逃荒、卖儿卖女的现象屡见不鲜。据山形县一个村庄的统计，467名15～24岁的青年妇女中，有110名被卖掉；当时，青年妇女的价格十分低廉，每人身价平均只有50～100日元，在青森地区只值9日元。

一百部国际法抵不上几门大炮,几项友好条约值不到一桶火药。大炮和火药并非用来实施已有的道德准则,它们是在没有道德的地方创造道德的工具。

——[日]福泽谕吉

42. 法西斯政权

如果侵略得不到惩罚,掠夺总是得逞,那么,强盗又怎么会停止行凶抢劫呢?欲壑难填、得陇望蜀,对外扩张的野心不断膨胀,军国主义势力在日本就越发得势。

早在19世纪初叶,日本民间就出现了法西斯活动。1919年(大正8年),由北一辉、大川周明、井上日召等人成立的"犹存社"就是一个法西斯组织。随后,"国本社""一夕会"等120多个千奇百怪的法西斯组织充斥了日本社会。到1936年(昭和11年)法西斯组织已增至500多个。这些法西斯组织秉承日本军国主义传统,主张所谓"天皇归一"的忠君思想,要求建立军部法西斯独裁统治,实行国民经济军事化。

但是,由于在华盛顿会议上缔结了《限制海军军备条约》,"一战"后的日本无法实施建造军舰的计划,军部大为不满。然而,军部对美国的强权也无可奈何。因为处于经济危机中的日本,需要美国的资金、技术、资源帮助。外交大臣币原喜重郎（1872—1951）的"协调外交"在这一时期占主导地位。币原喜重郎主张，在不损害日本的海外权益的前提下，谋求与英美的妥协。

1927年（昭和2年）6月27日，日本政府召开东方会议。7月25日，田中义一向天皇提出"田中奏折"，叫嚣"如欲征服中国，必先征服满蒙。如欲征服世界，必先征服中国"的建议，在占领中国之后，再利用中国的资源征服印度和南洋各国，进而征服小亚细亚和欧洲。

1929年（昭和4年），随着经济危机不断深化，政党体制的政权无法扭转经济危机，加之军部势力与各种法西斯组织的结合，使日本国内政治民主化进程与"协调外交"走到了尽头。同年，日本军内最大的法西斯组织——"樱会"成立，大多数高级将领都成了法西斯组织成员，军部自此完成了法西斯化。

1931年（昭和6年）4月，军部制订了侵略中国东北的具体计划。日俄战争之后，日本以保护南满铁路权益为由，成立了约2万人的关东军，时任关东军参谋石原莞尔提出"日本必须在满洲建立军事要塞，并借此为之后日本与西欧各国间可能爆发的世界最终战争做准备"。9月18日夜10时20分，几名日本关东军军官经过密谋，在沈阳制造了"柳条湖事件"。自行炸毁沈阳北郊柳条湖村附近"南满"铁道的一段路轨，嫁祸给中国东北军所为，并以此为借口，发动了入侵中国的"九一八事变"。在1932年（昭和7年）3月日本又炮制出"满洲国"。1932年年初，日本海军在上海挑起战争，制造了"一·二八事变"，侵略中国的行动不断升级。

在1930年至1936年间，为了夺取政权，将整个国家变成对外侵略的战争机器，日本法西斯组织连续制造了多起暗杀和政变事件。1930年（昭和5年），首相滨口雄幸代表日本政府在伦敦与英国、美国、法国、意大利召开的海军军备会议上，签署了一份进一步限制日本海军扩充军备的条约《伦敦海军条约》，引起了日本海军军令部的不满。11月，滨口雄幸在东京火车站遭到法西斯组织"爱国社"狂徒刺杀，次年身亡。一年之后，首相犬养毅因阻止陆、海军激进派主张对外战争，被海军军官刺杀身亡。因犬养毅也是老财阀们的代表，一些反对法西斯战争政策的日本商界领袖也一同遇刺。当时，只要是反对法西斯战争政策的日本政府官员、财阀和社会人士均遭到了残酷的杀害。

在法西斯势力的反复清洗之下，1936年3月广田内阁成立。实际上内阁已经完全沦为听命于军部的傀儡政府，法西斯政权在日本确立下来。同年8月，广田内阁制定了《国策基准》，确定"一方面确保帝国在东亚大陆的地位，另一方面向南方海洋发展"。日本开始全面扩军备战，并确立了侵略中国、进犯苏联、待机南进的扩张战略。同年11月，日本与德国签订《日德防共协定》，12月又与意大利签订《日意协定》，结成了反动的国际法西斯集团。

遭到日本侵略之后，中国国民党政府向由英、法两国操纵的"国际联盟"提出了控诉。"国联"根据日本代表的建议，派出以英国人李顿为首的代表团，到中国"了解情况"。在讨论李顿报告书的时候，英国代表西门声称：不能宣布日本为侵略者，应该承认在"满洲"已经形成的新的"现实情况"；还说日本经济发展迅速,人口过多,十分需要"生存空间"。

由于侵略一再得手,并得到了西方列强的默许和怂恿,日本法西斯分子的战争狂热更加肆无忌惮。1933年(昭和8年)1月,日本的侵略矛头进逼中国华北,于3月中旬占领了热河省和察哈尔北部。为了放手侵略中国,1933年6月,日本干脆宣布退出"国际联盟"。为了加紧侵华步伐,日本国民经济也全面转向军事化。

到1936年时,日本军费已经比1931年度增加了一倍以上,占到国民生产总值的47%。军工生产急剧膨胀,坦克部队、机械化部队和化学武器部队规模不断扩大。常备军也从1930年(昭和5年)的23万人扩充到1936年的38万人。1937年(昭和12年)7月7日,日本发动全面侵华战争,成为远东的战争策源地。

许多年来，日本人被告知中国人是劣等民族，自己则是神的后裔。具有沙文主义倾向的日本媒体如鹦鹉学舌般呼应政府宣传，告诉军人他们正在打一场"圣战"。不管多么残暴，以天皇名义所做的任何事都会因为事业的崇高性而获得背书。……战后被关押的日本战犯们"坚信，任何与天皇为敌的人都是错误的，因此，他们越是残忍，就越能显示出对天皇的忠心耿耿"。

——［荷］伊恩·布鲁玛《创造日本：1853—1964》

43. 侵华战争

1931年（昭和6年）"九一八事变"后，三个月之内，日军占领了中国东北三省。日军能够如此轻易得手，主要是因为中国国民党政府的不抵抗政策。

当时，日军在东北的兵力还不到1.5万人，全日本的兵力也不过23万人；中国东北军仅正规军就有10多万人，全东北的总兵力不下30万人，武器装备也不比日军差。然而，国民党政府对日本侵略东北的行动一再妥协退让。蒋介石一心只想消灭中国共产党、围剿中国工农红军，在1931年7月间提出"攘外必先安内"的方针。"九一八事变"发生时，国民党政府电告东北军："为免除事件扩大起见，绝对抱不抵抗主义。"这一切，促使日本帝国主义更加无所顾忌地用武力大规模进攻中国。

之后的3年中，国民党政府与日本政府先后签订了《淞沪协定》《塘沽协定》《秦土协定》和《何梅协定》。

面对国民党政府屈服于日本的淫威，中国共产党率先高举武装抗日的旗帜，号召全中国人民团结起来，停止内战，一致抗日，组织全国统一的国防政府和抗日联军。1935年（昭和10年）12月9日，北平（今北京）学生和市民3万多人举行了声势浩大的示威游行，史称"一二·九运动"，从此揭开了中国人民抗日救亡运动的序幕。

1937年（昭和12年）7月7日，卢沟桥的日本驻军擅自举行夜间"军事演习"。日军借口一名士兵失踪，欲闯入宛平县城搜寻。遭到中国守军拒绝后，日军悍然炮轰宛平县城，发动了震惊中外的卢沟桥事变，展开全面的侵华战争。

此后二十多天里，日本侵略军侵占北平和天津，调集重兵，进占河北、山西两省。

在疯狂侵略中国华北地区的同时，日军又对淞沪地区发动了猛烈的进攻。1937年8月15日，蒋介石终于下达全国总动员令，自任海陆军总司令，与日军展开激战。中国军队突破日军阵地，攻入汇山码头。同时，中国空军也与日本航空队展开激战，并积极攻击进犯的日本陆军和舰艇。9月下旬至10月初，日军增援部队陆续在上海登陆，总兵力达20多万人。11月8日，蒋介石下令全线撤退。11月12日，日军占领上海。

淞沪会战期间，日军投入28万人、10个师的兵力，动用30多艘军舰、500多架飞机、300多辆坦克。中国守军共30万人、70多个师，装备40艘舰艇、250架飞机。中国官兵以劣势装备与日军殊死拼搏，毙伤日军4万多人。

上海陷落后，近在咫尺的首都南京直接处于日军的威胁之下。11月16日，蒋介石决定迁都重庆，给唐生智留下10多万人坚守南京。但是面临来势凶猛的20多万日军，唐生智突然发出撤退命令，背弃了与南京共存亡的誓言而逃走。随后，日军轻易冲入南京城内，并对挹江门外试图渡江的成千上万的逃兵和难民开火，造成血染长江的大惨案。

从12月13日到1938年1月的六周时间里，日军实施了惨绝人寰的南京大屠杀，残杀中国军民34万之众。其中集体屠杀28起19万多人。例如，12月间，日军在草鞋峡集体屠杀被俘军人5.7万多人，在鱼雷营、宝塔桥集体屠杀市民3万多人，在燕子矶江滩集体屠杀被俘军民5万多人，在上新河集体屠杀被俘军民28700多人；零星屠杀有据可查的达858起，残杀15万多人。

日军还肆无忌惮地强奸、集体轮奸中国妇女。战后远东国际军事法庭的判决书中确认：南京"全城无论是少女或是老年妇女，多数都被奸污了。在这类强奸事例中还有许多属于变态的淫虐狂行径。许多妇女被强奸后又被杀，她们的躯体还被斩断。南京被占领后的一个月内，发生了2万起左右的强奸事件"。

自从1938年（昭和13年）10月蒋介石部队退至重庆后，日本侵略军更加有恃无恐。截至1939年（昭和14年），日本陆军在中国战场投入兵力达85万人，占领了中国华北、华东、华中和华南的大片国土。

国民党军队在"正面战场"上守土御敌,节节败退;而共产党军队却奋勇向前,冲进敌占区开辟了"敌后战场",浴血抗日。

1937年9月,贺龙率一二〇师驰援雁门关,林彪率一一五师赶赴到平型关。平型关是山西和河北两省交界的要隘。9月25日,一一五师在平型关伏击突袭日军,经过两天激战,歼灭号称"皇军精锐"的板垣第五师团所属第二十一旅团1000多人,击毁日军汽车100多辆,缴获大批武器、军用品、食品和军服。平型关大捷是八路军出师后第一场大胜仗,也是中国抗战以来第一场获得全胜的歼灭战,鼓舞了全国人民的抗战信心。

随后在东北、华南、华北等地,中国共产党领导的八路军、新四军根据以往对敌斗争的经验,广泛开展群众性的游击战争,打得日军惶恐不安。深入敌后作战的军民,创造了地道战、地雷战、麻雀战等战术,并组织武工队深入敌后活动,进行艰苦的对敌斗争,令日军感到万分惊恐,被迫改变侵华战略,国民党战场降为次要战场,敌后战场成了主要战场。

日军一面放松对国民党正面战场的进攻,一面调集大批兵力向抗日根据地进行"大扫荡"。1937年7月至1940年(昭和15年)7月,仅在华北战场,日军出动千人以上的"扫荡"就达109次,用兵50万人。

1938年时,八路军、新四军总兵力为18万人,1940年时发展到50万人,独立抗击着一大半的侵华日军和全部的伪军。1938年6月至1941年(昭和16年)5月,八路军、新四军共进行2万多次战斗,打死打伤日军12.5万多人。其中,1940年8—12月,八路军在华北发动的"百团大战"，出动105个团、近40万兵力，全面出击，攻击正太、同蒲、平绥、津蒲、德石等5000公里交通线及沿线日军，持续三个半月，进行大小战斗1800多次，毙伤日军2.1万多人、伪军2.5万多人，拔除敌伪据点2900个，沉重地打击了日军，令日军大本营大为震惊，撤换了华北派遣军总司令。

1942年（昭和17年）以后，日军重点"扫荡"华北解放区，并实行残酷的杀光、烧光、抢光的"三光政策"，致使很多地方出现"无村不戴孝，到处闻哭声"的凄惨局面。

同时，日本侵略者违背国际公约建立了集生化武器研究、生产与实战于一身的特种部队，即"满洲第七三一部队"，并在中国海拉尔、海林、林口等地设立支队。在侵占中国东北的十四年里，日本宪兵机关经关东宪兵司令部司令官批准后，将抓获的部分中国、苏联和朝鲜的抗日志士秘密输送给七三一部队，用作细菌实验的"材料"。每年输送近1000次，总计3000人。

在这些人身上，日军进行霍乱、梅毒、鼠疫、伤寒、炭疽等几十种细菌实验，还进行冻伤、人血和马血互换、人体倒挂甚至活体解剖等残忍的实验。

原七三一部队实验分队队长山下升供述他所犯下的细菌杀人的罪行时说："我在七三一部队是专门负责对活人进行细菌试验的，特别是搞灌菌试验。强行灌菌的对象有中国人，还有俄国人，同时还有女的。在我担任实验分队长的一年多时间，仅灌菌试验就使用了100多名抗日分子，他们多数死亡，没死的又通过另外一种方法的试验把他们都杀害。"

日军还将其研究结果直接用在中国战场上,在云南、山东、浙江等地的城市、乡村大规模投放,使用的细菌,包括霍乱、梅毒、鼠疫等。据统计,日军使用化学武器超过2000次,9万余名中国军民受害。大批化学武器被丢弃在中国,至今仍在中国的大地上伤害生命。

日军另一个可耻的行径是强迫妇女充当"慰安妇"。大批慰安妇主要掠自中国、朝鲜和东南亚等地。数量最多时达到15万人。

夏威夷时间正是清晨3点30分。突然，万籁俱寂的夜空中响起了一阵刺耳的军号声。日军机动部队各艘舰艇上的号兵鼓足力气吹响了"全体起床号"。最后一个和平之夜的睡眠结束了。飞行员们在参拜完设在舰上的神社后，陆续来到餐厅吃早餐。这顿早餐很丰盛。主食是一般过节时才能吃到的红豆饭，副食则是在祭祀和庆贺时才能吃到的清蒸全鱼，另外还有晒干后剥去皮的栗子。在日语里，栗子写作"胜栗"，取其谐音"胜利"……

——汤重南《日本帝国的兴亡》

44. 偷袭珍珠港

1939年（昭和14年）9月，德国侵入波兰，英国、法国对德国宣战，第二次世界大战全面爆发。荷、英、法等国家无暇顾及东南亚的殖民地，这为对东南亚的战略物资垂涎已久的日本提供了进攻的良机。1940年（昭和15年）7月，近卫内阁决定武力南进，并打出了所谓"大东亚共荣圈"的旗号。

1940年9月，日本、德国、意大利三个法西斯国家在德国首都柏林签订《德意日三国同盟条约》。约定，任何国家如果攻击缔约三国中任何一国，都将遭到其他两国的攻击。日本承认并尊重德、意两国在"欧洲新秩序"中的领导地位，德、意两国承认并尊重日本在"大东亚秩序"中的领导地位。

同年10月,日本政府组织了"大政翼赞会",逐个解散其他政党,将所有的政治势力纳入旗下,附设"大日本产业报国会""大日本妇女会"等社团。并解散了工会组织,确保战争政策得以贯彻。

然而,侵华战争因受到中国人民的顽强抵抗而无法速战速决,自不量力的日本已深陷战争的泥潭。战争支出大大超出日本国力,而英、美在支援中国抗战的同时,又加强了对日本的经济制裁,持续的军需物资匮乏令日本政府忧心忡忡。

1941年(昭和16年)9月6日,日本海军军令部总长永野修身报告说:"三年后,日本将一筹莫展,不战而屈服于经济封锁。"大藏相贺屋兴宣也承认:"在中国事件以来的四年里,我国支出达500亿日元。这笔支出超过了自明治维新至1936年(昭和11年)近七十年我国预算总和。"陆军大臣东条英机则认为:"坐等两三年,日本将沦为三等国。"日本军阀一致同意,唯一的出路就是把魔爪伸向东南亚,攫取那里的战略物资,"以战养战",并切断中国与英、美联系的国际通道,逼蒋介石投降,然后全力对付英、美。

而日军南进夺取东南亚时,势必要与英、美开战。日本军阀估计,美国太平洋舰队会从侧翼出击日军,逼使日本无法夺取东南亚。为了实施"南进"计划,日本联合舰队司令山本五十六认为,必须"断然袭击夏威夷的美国舰队",拔掉珍珠港这颗"美国鲨鱼的牙齿",随后抢占东南亚及西南太平洋诸岛屿,夺取战略资源,站稳脚跟后再迫使美国订立城下之盟。

1941年7月2日，日本御前会议通过了一项《适应局势演变的帝国国策纲要》，宣称"不论世界形势如何演变，帝国均以建设大东亚共荣圈……为方针"。为此，日本帝国决定"跨出南进的步伐""不辞对英美一战"。

7月14日，日本强迫法属印度支那殖民当局答应签订《日法共同防卫印支协定》。7月26日协定公布后，美国当即宣布冻结日本在美资金。7月28日，日军进驻西贡。8月1日，美国宣布对日全面禁止出口石油和废铁，并任命麦克阿瑟（Douglas MacArthur，1880—1964）为驻菲律宾美国远东陆军总司令。

9月6日，日本御前会议秘密决定对美开战。在决定对美开战时，日本首相近卫文麿临阵心虚，军部决定抛弃近卫文麿，任用坚决主战的东条英机组阁。10月18日，东条英机出任首相，兼任陆军大臣、内务大臣，建立了东条独裁体制。

东条英机曾任关东军宪兵司令、关东军参谋长，是侵华战争的主要战犯之一。他坚决主张对美开战，声称："人生有时不妨闭着眼睛冒一次险。"在东条组阁那天，日本参谋本部的《机密战争日志》写道："无论发生什么情况，新内阁必须成为一个战争内阁。开战！开战！除此之外，陆军别无出路。"

11月4日，陆海军最高参谋会议确定了对美开战的最后日期："发动武装进攻之时间定于12月初。"同一天，为掩盖偷袭计划，麻痹美国，日本宣布加派"和平特使"来栖三郎赴美协助大使野村吉三郎进行日美谈判，玩弄假谈真打的两手策略。而美国有些外交人员却感到"好像是一线阳光刺破乌云，照射了太平洋的海面"。

11月17日，罗斯福接见了来栖三郎。此后到日美开战的二十天里，来栖三郎协助野村吉三郎与美国国务卿赫尔进行了九次会谈，掩护了日军对珍珠港的偷袭准备。

不过，美国对日本的动向并非毫不知情。早在1940年秋，美国情报部门就已破译了日本的最高级密码——"紫色密码"，还制造了八台破译"紫色密码"的机器。这套破译技术代号"魔术"。借助"魔术"的透视，美国对日本南进的动向了如指掌。

11月23日，日本第一航空舰队司令南云忠一指挥准备袭击珍珠港的30艘日本战舰，在北方的渔港单冠湾集结完毕，切断同外界的一切电信联系，悄无声息地潜伏起来。

12月6日，偷袭珍珠港的日本特遣舰队驶抵夏威夷美国飞机巡航圈内，已经可以收听到当地的电台广播。日军航空兵全部整装待命，而美方仍毫无察觉。当日，日本联合舰队参谋长在日记上写道："夏威夷已成瓮中之鳖。让其再做一天太平梦——此乃一出赌以国家命运与许多人命、决一胜负之人类最大戏剧。"

12月6日傍晚，负责"魔术"接收的美国海军少校克雷默破译了日军偷袭的时刻，并报告给海军部部长诺克斯，然而并未引起后者的重视。

12月7日星期日，清晨7时许，夏威夷瓦胡岛北端山冈上雷达站值班的两名新兵发现，东北方二百一十二公里外有成群的飞机正朝瓦胡岛飞来。他们立即向基地值班官员报告。值班官员却回答说"不用担心"。因为他以为是美国自己的飞机。

7时50分，天空中成群的日本飞机呼啸而来，海面下凶险的日本潜艇急速扑来。随即是震耳欲聋的爆炸巨响和腾空升起的弥漫硝烟，珍珠港很快就淹没在浓烟火海之中。日本再次以偷袭的方式不宣而战，太平洋战争正式爆发。

日本飞机从6艘航空母舰上起飞，分两批袭击珍珠港。偷袭行动前后长达一小时五十分钟，共击沉战列舰4艘、重创1艘、炸伤3艘，炸沉、重创巡洋舰、驱逐舰和各类辅助舰10艘，击毁飞机188架，毙伤美军官兵4500多人，其中炸死3300多人。美国太平洋舰队几乎全军覆没，只有航空母舰"企业号"当时正在从威克岛返航的途中，原定7时30分驶入港内，但途中遇到恶劣天气，耽误了航行，没有按时返港，幸免于难。

12月8日，英国抢在美国前头，向日本宣战。同一天，美国正式向日本宣战。随后，澳大利亚、新西兰、加拿大、自由法国、荷兰等二十四个国家陆续对日本宣战。12月9日，中国政府也在抗日战争进行了四年之后正式对日本宣战。

在战争中，所有军队都是粗暴的。但日军在第二次世界大战中的野蛮，则只有欧洲的纳粹可与之相比，也许还比不上。

——［美］罗兹·墨菲《亚洲史》

45. 侵占东南亚

1941年（昭和16年）12月8日，偷袭珍珠港后的第一天，日军动用大约40万兵力、2300多架飞机、232艘军舰（包括10艘航空母舰、10艘主力巡洋舰）对菲律宾、马来亚、泰国、关岛、威克岛、香港等地发起了全线攻击，妄图建立所谓的"大东亚共荣圈"。

当日，日军开始进攻香港。英国守军曾经吹嘘说，至少能够坚守香港半年。实际上仅仅抵抗了十八天，英军就在12月25日投降了，香港轻易落入日军手中。

而关岛的美军守卫只有360人，根本无力抵抗日军的入侵。12月10日，关岛美军投降，日军夺取了关岛。威克岛也只有不到500名美军守卫，但是，美军进行了顽强的抵抗，击沉日本驱逐舰两艘。日本随后大举增援、发动强攻，威克岛美军被迫于12月23日投降。

守卫菲律宾的是美国远东陆军总司令、当时美国唯一的四星上将麦克阿瑟，拥有1.9万美军、11.2万菲律宾部队、200架飞机和1支小型舰队。日本进攻部队有2个师、1个旅，配备500架飞机。

12月8日，偷袭而来的日本飞机轻易炸毁了美军基地上的大部分飞机。12月10日，日军向吕宋岛发起登陆进攻，美、菲军队抵挡不住，主动撤往巴丹半岛，宣布马尼拉为不设防城市。1942年1月2日，日军进入马尼拉。

3月初，日军又向菲律宾增派了两个步兵师和两个炮兵团，准备消灭美、菲军队。因为担心麦克阿瑟上将被日军俘虏而丢美国的面子，3月11日，麦克阿瑟被调到澳大利亚去担任西南太平洋地区盟军总司令。4月9日，巴丹的9300名美军和4.5万菲律宾军队向日军投降。被俘美、菲军人遭到了日军的残酷虐待，2300名美军俘虏惨死在押解途中。

5月6日，驻守科里吉多要塞的美国远东军司令温莱特向日军请求投降，并通过马尼拉电台命令菲律宾的所有美军无条件投降，拒绝投降者以逃兵论处。结果，大约7000名美军投降了，少数美军和很多菲律宾军人共2.9万人拒绝投降，带着武器上山打游击去了。

日军对泰国的入侵未遇抵抗。1941年12月8日，一支来自海上的日军在曼谷附近登陆；另一支日军从印度支那南部越过泰国东部边境，12月9日清晨侵入曼谷。侵占泰国之后，日本强迫泰国在12月21日签订了《日泰同盟条约》。

也是在1941年12月8日这一天，日军在马来亚北部强行登陆。马来亚是英国在亚洲的重要据点，号称英国"生命线"的重要一环，驻有10万英军，守将是白西华中将。为了加强防御力量，英国增派战列舰"威尔士亲王号"和大型巡洋舰"却敌号"到新加坡，组成新的远东舰队，协助英国陆军阻击日军。当日，英国远东舰队司令菲利浦斯率领舰队,从新加坡出发,去马来亚东部海面截击日本运兵船。不料,遭到大批日本航空兵的轮番袭击。英舰"威尔士亲王号"和"却敌号"被击沉,日本暂时夺得了东南亚海域的制海权。1942年1月9日,日军攻占马来亚首府吉隆坡。

2月8日,日军在新加坡登陆。此时,新加坡还有7万英军,粮食和淡水都很充裕,但是,英军兵无斗志,畏敌怯战,节节败退。2月15日,白西华中将决定无条件投降。

1941年12月16日,一支日军先头部队入侵荷属东印度的婆罗洲北部。荷属东印度,即今印度尼西亚,拥有丰富的橡胶、石油、锡等战略物资,日本垂涎已久。当时荷兰在东印度驻军10万人,并与英、美、澳的军队组成联军,一致抗击日军。但是,兵力分散在3000多座大小岛屿上,很容易被各个击破。

1942年(昭和17年)2月14日,日本出动320架飞机,空降伞兵到苏门答腊,占领了机场。2月18日,日军占领南苏门答腊,控制了油田区。3月初,日军在爪哇东、西两岸登陆,3月5日占领巴达维亚,即今雅加达,9日占领万隆。3月12日,荷兰总督投降,万隆以东的英美联军1.1万人也投降了。3月15日,荷属东印度——印度尼西亚——完全落入日军手中。

日本侵占泰国后,1941年12月中旬,就从泰国向缅甸发起进攻,直逼仰光,妄图切断中国的国际交通线——滇缅公路。当时,缅甸约有4万英军,主要集中在仰光、毛淡棉、曼德勒,司令为哈罗德·亚历山大中将。应英国之请,1942年春,中国远征军在罗卓英率领下赴缅,中国战区参谋长、美国将军史迪威随军进入缅甸。

1942年3月7日，英军退出仰光，向北转移。次日，日军占领仰光。随后，日军沿伊洛瓦底江北上进攻曼德勒。3月18日起，中国远征军在东瓜地区阻击日军二十天，歼敌5000人，自身伤亡800人，掩护英缅第一师安全撤退。4月16日，中国远征军星夜驰援仁安羌油田区，与日军激战两昼夜，解救被围英军7000人。英军随后退入印度，中国远征军一部分退入印度，一部分撤回云南境内。5月1日，日军进占曼德勒，切断了滇缅公路。

从1941年12月7日偷袭珍珠港到1942年5月上旬，6个月里，日军一时所向披靡，先后侵占了菲律宾、泰国、马来亚、缅甸、荷属东印度、香港以及关岛、威克岛等太平洋上的一些岛屿，侵略了380万平方公里的土地，沦陷区人口1.5亿。但是，日本取得暂时优势的同时，也很快就暴露出其战线太长、力不从心的致命弱点。

（六）废墟中崛起，努力『国家正常化』

（1945—2020）

与德国、意大利不同，日本从未有过一个魅力四射的独裁者，一个总是掩藏于幕后的天皇与一群技术官僚，导致了这一切的发生。他们似乎既全能又无能：他们可以动用各种强制力量，消除异己声音，但在明知必败的情况下，却无力结束战争，只能被动地跟随形势。

——［日］鹤见俊辅《战争时期日本精神史：1931—1945》

46.日本投降

英、美等国的主力放在欧洲战场，对突发的太平洋战争没有战争准备，而日军在战前制订了周密的作战计划，因此能以旋风般的速度横扫东南亚。

遭遇重大挫折后，美国于1942年（昭和17年）3月调整了太平洋地区的指挥机构，任命麦克阿瑟上将为西南太平洋战区总司令，尼米兹（Chester William Nimitz，1885—1966）海军上将为太平洋战区总司令，同时加强整个太平洋战场的海、空军力量。从4月18日开始，组织中型轰炸机从航空母舰上起飞，空袭日本东京、名古屋等城市。5月7—8日，美国海军航空兵又在所罗门群岛附近重挫日本海军，阻止了日军向西南太平洋的扩张。

6月4—5日，美国海军航空兵在中途岛海域大败日军，使日本海军遭到19世纪末以来第一次失败，日军损失航空母舰即"赤城号""加贺号""苍龙号""飞龙号"4艘，重巡洋舰1艘，飞机285架，人员3500名；美军损失"约克敦号"航空母舰1艘、驱逐舰1艘、飞机约150架、人员307名。中途岛海战是太平洋战争的转折点，美国在中途岛海战胜利后掌握了太平洋上的海、空控制权。

1942年8月6日至1943年（昭和18年）2月7日，美军与日军在所罗门群岛南部的瓜达尔卡纳尔岛进行了长达半年的浴血争夺战。最终，日军残部撤走，美军占领了瓜达尔卡纳尔岛。

为了阻止盟军的反攻、鼓舞日军的士气，日本联合舰队司令山本五十六决定亲自飞往前线视察。1943年4月13日，日本联合舰队向前线部队发出绝密电报："联合舰队长官于4月18日起视察巴莱尔、肖特兰、布因。前往的有中型攻击机2架、护航战斗机6架。6时从拉包尔出发，8时抵巴莱尔，11时10分抵布因。"

美国海军情报部门截获并破译了全部电文，将情报送往华盛顿后，美国海军部部长诺斯克下令干掉这个偷袭珍珠港的元凶。4月18日，18架美国远程战斗机从瓜达尔卡纳尔岛机场起飞，经过两小时的低空飞行，于11时10分准时飞抵布因上空。这时山本的座机和护航机群，也像赴约会似的出现在布因上空。一架美机对日本护航战斗机不屑一顾，直奔第一架日机，一瞬间就把全部子弹倾泻到山本的座机上。顷刻间，山本的座机冒着一条长长的黑烟一头栽进了密林，化为灰烬。山本五十六的死犹如晴天霹雳，日本举国震惊，日军士气遭到沉重打击。

1943年9月16日，美军攻占新几内亚的莱城，10月2日攻下芬什哈芬。12月底，美军登陆新不列颠岛的西部，并逐渐向东推进。日军死守拉包尔，10多万日军被围困在岛上，进退无路。此后，日军据点被盟军逐个分割占领，或被围困，坐以待毙。

1944年（昭和19年）6月15日，美军在塞班岛登陆。与日军激战二十天，歼敌2.6万人，美军战死3400人，伤1.65万多人。6月19—20日，美日舰队进行了马里亚纳海战。经此一战，日本舰队的空军几乎全军覆没，马里亚纳海域的制空权完全转入美军手中。7月7日，美军全部占领塞班岛。7月21日，美军登陆马里亚纳群岛的最大岛屿关岛。

马里亚纳群岛是阻遏美军从中太平洋进攻日本本土的重要门户。美军取得了该群岛，使日本列岛大部分地区都暴露在美军的轰炸范围之内。1944年6月起，美军轰炸机持续大规模空袭日本本土。1944年7月18日，日本首相东条英机被迫辞职，转入陆军"预备役"。7月22日，日本驻朝鲜总督小矶国昭和米内光政组成新的联合内阁，继续顽抗。

1945年（昭和20年）1月9日，美军登陆菲律宾，2月25日攻占马尼拉，5月中旬完成菲律宾战役，前后歼灭日军40多万，击毁日军飞机9000架。

1945年3月末，美军占领硫磺岛。4月1日，美军开始进攻掩护日本本土的最后一道屏障——冲绳岛。日军以满载炸弹的"神风飞机"对美国军舰和运输船开展疯狂的自杀战术。在近三个月的激战中，日军伤亡11万多人，被俘9000多人，损毁飞机8000多架；美军损失飞机760架，伤亡7.5万人，于6月21日最终占领冲绳岛，彻底摧毁了日本本土的外围防线。

从1944年6月至"二战"结束，美国B-29轰炸机对日本本土先后进行了81次大规模战略轰炸，投弹16万吨，将日本24%的房屋炸成废墟，600多家主要军工厂被炸毁或遭到严重破坏，沉重地打击了日本的军事工业。而美国潜艇也对日本军舰和外海航运给予毁灭性的打击，加快了日本的崩溃。

在此之前，1943年12月1日，中、美、英三国在重庆、华盛顿、伦敦三地同时发表了《开罗宣言》。明确宣告：中、美、英三国对日作战的目的在于制止和惩罚日本的侵略；"剥夺日本从第一次世界大战爆发后，在太平洋上夺得或占领的一切岛屿"，并将其强占的中国领土，即东北地区、台湾和澎湖群岛等"归还中国"。

1944年，日本妄图挽回不利的战局，在中国发起了新一轮的攻势，遭到中国军民的迎头还击，日军在华北、华中、华南的敌后战场上节节失利。至1945年夏季，中国军民共歼灭日伪军47万余人，收复城市70余座。在1944年的缅北滇西反击战中，中国军队也取得了胜利。日军在中国战场上全面失利。

1943年至1944年，为了保障军需供给，日本强化了对朝鲜的殖民掠夺，引起了朝鲜人民的极大不满和反抗，各种形式的抗日斗争风起云涌。在缅甸、菲律宾、印尼、马来亚等国，抗日民族解放运动的浪潮纷纷兴起，使日本陷入四面楚歌的境地。

1945年7月26日，美、英、中三国从柏林发出了敦促日本无条件投降的《波茨坦公告》（*Potsdam Declaration*）。7月27日至8月1日，盟军飞机在日本各城市上空散发了300万张《波茨坦公告》和

150万张即将发起猛烈空中轰炸的警告传单。7月29日，日本正式拒绝了《波茨坦公告》。

8月6日8时15分，美军在日本广岛投下当量为2万吨TNT的第一颗原子弹。广岛市中心4.4平方英里的地区顷刻间化作一片废墟，78150人丧生，51408人受伤和失踪。同日，美国总统杜鲁门（Harry S. Truman，1884—1972）发表关于原子弹的声明，要求日本立即投降。但是，日军仍然拒绝投降。

8月8日，苏联对日本宣战。8月9日，苏军进入中国东北地区向日本关东军发起进攻；当天上午11时30分，美军在日本长崎投下第二颗原子弹，炸死23753人，炸伤43020人。

8月10日，日本政府向美、英、中、苏发出乞降照会，表示愿意接受《波茨坦公告》，同时要求保留天皇地位。8月11日，杜鲁门决定允许日本保留天皇，但自投降之日起，由盟军最高统帅接管日本的国家权力，全体日军就地停战并交出武器。

8月14日，日本政府正式宣布接受同盟国的要求。8月15日，日本天皇裕仁通过电台亲自宣读接受无条件投降的《停战诏书》。

9月2日，日本投降的签字仪式在东京湾的美国战列舰"密苏里号"上举行，日本外相重光葵、日本总参谋部代表梅津美治郎在盟军最高统帅麦克阿瑟将军、尼米兹海军上将和中、英、苏等国代表面前，签署了日本无条件投降书。

战败之初，日本人对中国和对美国的感情是根本不同的。日本人在所谓的"支那事变"之际，对"支那"和"支那人"完全蔑视。政治上的表现就是近卫内阁的"支那不堪一击论"。而且，"'支那'毫无力量还要摆臭架子"是大量的日本人的共同感觉。对美国则不同……从占领之初日本人给麦克阿瑟的大量的信中……大部分是问安、激励、慰谢乃至"臣服"的表示。……在致信的同时，赠送家宝、土地、物产的也相当多，其中最让人吃惊的，是"给麦克阿瑟这个至高无上的男性写信'请让我生您的孩子'的勇敢女性"居然达到数百人。

——［日］津田道夫《南京大屠杀和日本人的精神构造》

47. 占领下的改革

日本投降后，被美国视为独家战利品。1945年（昭和20年）8月至10月初，打着"盟军"旗号的40多万美军陆续进驻日本，实施对日本的占领。在日本横滨，设置了盟国驻日占领军总司令部（GHQ），9月15日迁至东京。

美国太平洋陆军总司令麦克阿瑟将军被任命为盟军最高统帅，杜鲁门总统明确指示他说："作为同盟国最高统帅，天皇和日本政府统治国家的权力应从属于你。你可以按照你认为合适的方式履行职责、行使权力。我们同日本人的关系不是建立在契约的基础上，而是建立在无条件投降的基础上。你的权力是无上的，因此，在对待日本人的问题上，你不应当对这种权力的范围抱有任何怀疑。"在苏联的强烈要求下，由美、英、中、苏等十二国组成了总部设在华盛顿的"远东委员会"，但是，并没有改变美军单独占领和支配日本的局面。

9月22日，美国政府出台了《日本投降后美国初期对日方针》，声明美国对日本的最终目的是：第一，保证日本不再成为美国乃至世界和平与安全的威胁；第二，最终建立一个和平的、负责任的日本政府，该政府尊重他国权利，支持体现联合国宪章之理想与原则。因此，日本必须放弃海外殖民地，彻底解除武装并实行非军事化，消除法西斯军国主义分子的权力及其影响，建立议会民主制度，发展民主自由与和平经济。

日本宣布无条件投降之后，8月17日，组成了以皇族东久迩宫稔彦王为首相的皇族内阁，希望借助皇室的权威渡过战败的危机。9月20日，新内阁颁布了《波茨坦紧急敕令》，表示无条件地传达和执行盟军总司令部发布的指令。但是，实际上，该内阁对盟军的指令并不能痛快地传达和落实，最终在10月4日宣布总辞职。其后，曾推行"协调外交"的币原喜重郎继任首相，并接受麦克阿瑟的五大指令：解放妇女，建立工会组织、支持工人运动，教育自由化、民主化，废除各种压迫的、专制的制度，经济机构民主化。从此开始了日本战后的民主化改革运动。

解散日本军队是顺利实施改革的前提。因此，美军占领日本之初，首先着手此事。具体办法为：解除日本本土及海外日军的武装，令其复员；废除大本营、陆军省、海军省、军需省、大东亚省等军事指导机构；废除了《国防保安法》《军机保护法》《治安维持法》《思想犯保护观察法》《治安警察法》等一系列为天皇专制主义和军国主义服务的法令；禁止与军事有关的生产及科学研究，拆除战争工业设备；等等。此外，释放了大批包括日本共产党员在内的政治犯和思想犯。

1945年9月至12月间，盟军总司令部先后分四次发出了主要战犯的逮捕令，被指名逮捕的有100多人。被通缉的战犯有皇族梨本亲王、原首相平沼骐一郎以及近卫文麿、木户幸一等天皇的亲信。但是，天皇没有被追究战争责任。美国之所以免除日本天皇的责任，是希望利用日本国民对天皇的信仰，推行其占领政策。美国只要求日本政、教分离。1946年（昭和21年）1月1日，昭和天皇在盟军司令部的授意下发布《关于新日本建设的诏书》，即《人间宣言》，声明天皇是人而不是神。

1945年12月16日，苏、美、英在莫斯科举行会议，决定组成由美国、中国、英国、苏联、法国、澳大利亚、加拿大、新西兰、荷兰、印度和菲律宾十一个国家参加的远东国际军事法庭，负责审判犯有"破坏和平罪、普通战争罪、违反人道罪"等罪行的日本甲级战犯。

1945年5月至1948年（昭和23年）11月，经过两年半的艰难审判，远东国际军事法庭以6票比5票的微弱多数判处东条英机、土肥原贤二、板垣征四郎和松井石根等7名被告绞刑，另有16人被判处无期徒刑，1名被判处二十年徒刑，1名被判处七年徒刑。与此同时，南京、上海、马尼拉等地也设立了军事法庭，审判日本乙级、丙级战犯，受审战犯共5416人，其中937名战犯被处以死刑。

惩处战犯之外，盟军总司令部向日本政府发出"罢免和清洗"六类人的指令：职业军人和陆海军部特别警察和官吏，极端民族主义、暴力主义和秘密爱国团体的主要成员，参与大政翼赞会、翼赞政治会和大日本政治会活动的主要分子，同日本侵略扩张政策有关的金融机构和开发机构成员，占领地行政长官，其他军国主义者和极端民族主义者。要求从公职和教职中免去上述人员，剥夺其竞选议员的资格，以排除其政治影响。

经济方面，盟军司令部向日本政府提出"农地改革"的指令。这项改革不仅是GHQ的指令，也源于日本政府内在的意愿。具体措施为：由政府强制征购不在村地主的全部出租地、在村地主超过1公顷以上（北海道地区内为4公顷）的出租地和自耕农超过3公顷的土地，优先卖给耕种这些土地的佃农。留下来的出租地，实物地租改为货币地租，地租不得超过农产品收获总值的25%。结果，在两年内，大约200万公顷的土地从地主手中转移到佃农手中，自耕农的比例从改革前的30%上升到70%。

解散财阀、禁止垄断是美国占领当局的又一指令。因为日本财阀是发动侵略战争的祸根之一。例如，三菱重工业公司在"七七事变"之后的八年中，生产和销售了各种飞机1.8万多架，占同时期军用飞机总产量的1/4。

1945年，美国占领当局下令冻结了三井、三菱、住友、安田等

15家财阀的资产。次年8月，指令日本政府成立控股公司清理委员会，通过解散控股公司、排除财阀家族对企业的控制、分散财阀企业的股票等措施，对财阀企业进行分割经营，并禁止原财阀家族成员担任该企业的领导职务。1948年，有328家大财团遭到分解。其中，三井物产被分解成大约200家公司，三菱商事被分解成139家公司。但是，由于具体操作过程中虎头蛇尾，实际上被解散的只有32家企业。

对战后日本进行非军事化和民主化，少不了法律的支持。而1889年（明治22年）由明治政府制定的《大日本帝国宪法》，是一部确立天皇制国体的法律，为日本走上军国主义和法西斯主义道路提供了有力保证，是战后日本建设和平民主国家的挡路石。因此，早在1945年10月，币原喜重郎内阁成立之初，麦克阿瑟便指令其起草新宪法。但是，日本人提出的宪法修正案遭到了盟军当局的否决。随后，麦克阿瑟提出"改宪三原则"，即"改革天皇制""放弃战争、放弃拥有战斗力、放弃交战权"及"废除封建制度"，并指使盟军总司令部的民政局起草新宪法。1946年（昭和21年）6月，新宪法经日本议会审议通过，11月3日作为《日本国宪法》公布，1947年（昭和22年）5月正式生效。

《日本国宪法》第九条规定："日本国民真诚地企望以正义和秩序为基调的国际和平，永远放弃为国家主权而发动战争、武力威胁或使用武力作为解决国际争端的手段。为达此目的，日本不保持陆海空军和其他战争力量，不承认国家交战权。"因有这些明确规定，所以，《日本国宪法》也被称为"和平宪法"。

该新宪法确立了主权在民、放弃战争及非武装、保障基本人权及自由、男女平等的基本原则。否定了天皇的神格,天皇仅受国家委托,主持国家的礼仪。新宪法的颁布,标志着日本民主革命的完成和现代国家体制的确立,为战后日本走和平、民主的发展道路提供了法律上的保证。

根据宪法精神,国会两院先后制定了《国会法》《内阁法》《地方自治法》《教育基本法》《国家公务员法》等,细化了政治体制改革,形成了由国会、内阁、法院分别行使立法、司法、行政三项大权、"三权分立"、三者互相制约的政治体制。

这个岛国民族的血液里，流淌着一种天狗吞月亮的疯狂，其思想精神具有无边的威力，可以创造人间奇迹。

——李兆忠《暧昧的日本人》

48. 战后经济

战败之时，日本国内经济几近崩溃。透过这场自酿苦果的战争，日本不仅对亚洲邻国施加了深重的灾难——在中国军民伤亡共3500多万人，损失财产及战争消耗达5600余亿美元，也使日本八十年来的发展成就化为乌有——119座城市变成废墟，236万栋住房毁于战火，900万人流离失所，工矿业产量仅为战前的28%，农业产量也只有战前的60%，400万工人失业。海外350万复员军人及289万平民回国，致使失业人数一度高达1400万。

战前和战争期间，日本国民赖以生存的物资如大米、大豆、糖、铁矿石、煤炭和纸等产品均从中国、朝鲜等地进口。日本战败后，正常的贸易渠道中断，生活物资失去了供给的来源。同时，国内粮食减产，战后生产大幅度下降，物资严重不足，物价飞速上涨。

1946年（昭和21年），日本政府实施了生活物资配给制。每人每天平均供应4两大米、35克土豆、1个鸡蛋等。而且，配给不能保证按时、按量发放。街市上,饮食店几乎绝迹。普通工人的午餐也就是几个土豆或一点红薯。黑市上的食品交易异常活跃。许多原本就无家可归、住在防空洞或临时搭设的小棚中生活的人,不得不过着忍饥挨饿的日子。很多日本人都面黄肌瘦,营养不良。

为了摆脱经济瘫痪状态,1946年8月,日本政府成立了经济安定本部,负责制定和实施经济政策。12月,日本政府采纳东京大学教授有泽广巳提出的"倾斜生产方式",把有限的资金和物资优先用于增产煤炭,用生产出来的煤炭重点供应钢铁业,然后通过煤炭和钢铁业相互促进增产来带动电力、化肥、交通等产业的发展。根据这个经济战略,政府对重点产业部门实施了价格补贴,还专门设立了"复兴金融公库",向重点产业提供低息贷款。

1948年(昭和23年)12月,美国主导的占领当局提出了"稳定经济九原则"。指令日本政府实施均衡预算、加强税收、限制工资、统一管理物价等。1949年(昭和24年)2月,美国又派出底特律银行董事长约瑟夫·道奇作为GHQ的财政金融顾问。道奇制订了"均衡预算方案",要求日本政府减少补助金、停止复兴金融公库贷款,实现财政的综合平衡。在道奇指导下,日本政府实施了这种抑制总供给的政策,并制定了1美元兑换360日元的固定汇率。

一年后,日本财政出现了盈余,同时也有效地遏制了恶性通货膨胀的势头。但工业生产还是再度萎缩,许多工厂倒闭,失业人数剧增,经济再度陷入危机。

正值日本经济再度垂危之际,1950年(昭和25年)6月朝鲜战争爆发,日本成为美国的军事基础和作战物资供应地,美国向日本大量订购军需物资，日本经济得以迅速恢复。从战争爆发到1953年（昭和28年）停战，美国对日本的特需订货达23.9亿美元，占其出口总额的50.6%。在外汇储备增长后，1952年（昭和27年）日本加入了国际货币基金组织和世界银行。同时，日本政府也开始积极投资电力、钢铁等基础工业，并带动了民间企业的设备投资的增长。

日本前首相吉田茂称朝鲜战争是"来自上帝的礼物"，正是这份"礼物"造就了日本经济的全面复苏。到1953年，日本战后重建基本完成，个人收入恢复到战前水平。日本政府出版的1956年（昭和31年）《经济白皮书》写道："现在已经不是战后，我们正面临着和过去不同的新情况。经济恢复期已经结束，今后是以现代化为中心的经济增长时期。"此后到1958年（昭和33年）6月，日本经济又一次进入高速增长期。1958年6月—1961年（昭和36年）12月，日本国民生产总值以年均10%的速度增长。也是在50年代，日本出现了号称"三件神器"的洗衣机、电冰箱、黑白电视机。人民收入普遍提高，"三件神器"得到广泛普及。

1965—1970年间，日本出现了长达五十八个月的经济繁荣期，年均实际经济增长率11.6%。1964—1971年间，年均出口增长率达20%。

20世纪60年代，彩电、空调、小轿车三大件，成为国民消费的新热点。分期付款的信用体制也在这一时期发展起来，国民生活发生了巨大变化。国内需求扩大了，为经济的高速增长提供了坚实的国内市场。到60年代末，日本已经成为世界上最大的电视机生产国之一，并大量出口。

1967年（昭和42年），日本国民生产总值超过了英国和法国。1968年（昭和43年），日本已超过联邦德国，仅次于美国，成为世界第二经济大国。日本的人均国民收入也从1960年（昭和35年）的378美元上升到1970年（昭和45年）的1515美元。

战后，日本经济能够如此高速增长，除了政府政策、外部机遇之外，还有其他的因素。例如，明治维新以来的教育普及，为战后的日本提供了大批高素质的劳动力；同时，政府鼓励国民积极储蓄，保证了社会资本的充裕；20世纪70年代之前，世界各地的石油资源被迅速开发出来，日本广泛地利用了廉价的石油能源；固定汇率制也有利于日本以低成本扩大出口。另外，战败后，日本人发扬团结、敬业、勤俭节约的民族精神，将其转化为生存动力，落实到了经济生活之中。正如日本作家鹤见俊辅所说："尽管日本人置身在其经历的最后一场战争中，他们也不会去批判战争的目的，只知道尽最大努力朝着目标前进。纵使战争失败之后，他们仍会重新制定目标，再次朝着政府挂在自己面前的'繁荣经济的目标'继续努力。"

在日美安保体制下，日本在美国"美元和核的保护伞"之下，靠着朝鲜特需和越南特需，逐步进入经济高速增长的时期。

——［日］津田道夫

49. 20世纪50年代的日本

第二次世界大战结束后，美苏"冷战"不断升级，美国对日政策也随之发生了逆转。美国转而将最初的对日限制改为扶植政策，致力于将日本培养为在亚洲反苏反共的堡垒。

朝鲜战争爆发后，美军指令日本成立警察预备队。为了"冷战"的利益，美国不惜违反日本的"和平宪法"。

在美国庇护下，日本不仅免除了战败国应该承担的赔偿责任，也没有扫清军国主义势力。1948年（昭和23年）12月24日，麦克阿瑟总部宣布，释放岸信介（1896—1987）等十九名甲级战犯嫌疑犯。到1950年（昭和25年）11月21日，麦克阿瑟先后四次下令释放在押的日本战犯，宣布对乙、丙级战犯免于审判，不再逮捕、搜查战犯嫌疑犯等。到1958年（昭和33年）4月7日，所有未服满刑期的日本战犯都得到了赦免，一些获释的战犯还重返政坛。

为了尽快扶持起日本这个助手，1951年（昭和26年）9月，在美国操纵下，对日媾和会议在旧金山召开，52个国家参加。而饱受日本侵略的中国却未被邀请参加会议，印度、缅甸和南斯拉夫拒绝参会。日本与48个国家签订了媾和条约，苏联、波兰和捷克斯洛伐克拒绝签署媾和条约。所以，这实际上是一个没有得到主要对日作战国家承认的、由美国主持签订的片面的媾和条约。

在签署"旧金山和约"的同时，日、美两国签订了《日美安全保障条约》，规定美国有权在日本领土上驻扎海、陆、空三军和建立军事基地。1952年（昭和27年）2月，日、美又签署了《日美行政协定》，就美国军人在日犯罪的审判、日本无偿提供基地并负担驻扎费用等问题达成协议。日本从此被置于美国的保护之下，成为美国全球战略中的重要一环。

1952年4月，"旧金山和约"生效后，应美国的要求，吉田内阁将警察预备队改编为保安队，并新设置了海上警备队。随后，日本又将保安队与海上警备队合并，增设航空部队，统称为"自卫队"，并设置管辖机构——防卫厅。同年，日本通过《航空特例法》，称美军在日本领空可以享受法外治权，不受日本国内法律、禁飞区域和飞行高度限制的约束。自此，东京上空领空权归于美国。

日本由此换来的是美国对其不断放松的管制，让日本垄断财阀势力重新抬头。20世纪50年代中期以来，三菱、三井、住友、富士、第一劝银、三和六大日本财团逐步形成。一些右翼势力重新找到了财力雄厚的经济后援。

1955年（昭和30年）10月，以革新势力为主的"社会党"成立。同年11月15日，在财阀集团的推动下，保守势力的自由党与民主党合并为"自由民主党"（简称"自民党"），自此形成了主导日本政坛的两大政党体制，又被称为"1955年体制"。1956年（昭和31年）10月，日本与苏联签订《日苏共同宣言》，恢复了两国间的外交关系。

1957年（昭和32年）2月，自民党干事长、外务大臣岸信介受命成立新内阁。这位重返政坛的甲级战犯在组阁后，发表了首次战后日本外交蓝皮书，提出"经济外交"政策，即日本在追随美国的同时，以所谓"和平的经济力量"作为主要手段向外发展，达到发展经济、培育国力的目的。通过"经济外交"，扩大对东南亚的出口和投资，并积极开拓欧美市场。并附和美国敌视中华人民共和国的政策，支持蒋介石国民党政权反攻大陆。

1957年5月，岸信介首相出访缅甸、泰国、印度、巴基斯坦、锡兰（今斯里兰卡），并访问了中国台湾地区。同年11月，又访问了南越、柬埔寨、老挝、新加坡、印度尼西亚、马来西亚、澳大利亚、新西兰和菲律宾。这是战后日本首相第一次访问东南亚、南亚、大洋洲的国家和地区。

在美国的支持和苏联的默许下，1956年12月18日，日本成为联合国第七十七个会员国。1960年（昭和35年）1月，日美签订了《日美相互合作及安全保障条约》，约定美国对日本负有防卫义务，驻日美军有义务维护远东地区的和平与安全等。

由于新条约实际上具有军事同盟的性质，有可能将日本卷入因远东地区纠纷而引起的战争中。因此，社会党议员在国会内提出激烈的抵抗，反对国会审议、通过该条约。工人、学生和市民近百人拥上街头，进行大规模的游行示威，反对日美新条约，并用英语高喊"美国佬滚回去！"。但自民党主导的日本国会还是强行通过了新的《日美安保条约》。

在20世纪60年代的日本社会中,人们一致认为劳动、储蓄、投资、开发和增长是为了实现体面、幸福、充实、有创造性的生活的手段。

——[澳]加文·麦考马克

50. 20世纪60年代的日本

1960年(昭和35年)7月,岸信介内阁集体辞职,池田勇人(1899—1965)上台组阁。为了缓和政局,池田内阁提出了"宽容与忍耐"的口号,努力消除新日美安保条约引起的社会矛盾。

1960年12月,池田内阁发表了《国民收入倍增计划》,提出未来十年让国民实际收入增长一倍,即年均经济增长率超过7.8%的目标,让全体日本人富起来。1961年(昭和36年)又制定了《农业基本法》,力图"增加农民收入,使其达到其他从业者的生活水平"。1963年(昭和38年)制定《中小企业基本法》,推动中小企业的设备现代化和生产专业化,提高劳动生产率。池田时期也是整个日本大搞基础建设时期,举国上下大兴土木,从城市到乡村,就是一片繁忙的大工地。这一系列经济改革措施就是为了让国民注意力从宪法问题上转移开,让人们为挣钱而忙碌,忘掉政治。

对外,池田内阁积极推行"政治与经济分离"政策,即扩大贸易的经济外交。池田首相先后出访美国、加拿大、印度、巴基斯坦、缅甸、泰国、德国、法国等国，大力促进贸易发展。1961年成立了加强双边经济关系的日美经济委员会。1962年（昭和37年），中日双方以民间形式签订了《中日综合贸易备忘录》，并互设常驻贸易机构。

1964年（昭和39年）日本加入了经济合作与发展组织（OECD），标志着日本正式成为发达国家的一员。同年，日本建成了东京至大阪的铁路新干线，而且成功地举办了东京奥运会。当年，池田因病辞职，岸信介的胞弟佐藤荣作（1901—1975）上台组阁。

佐藤荣作加强了与韩国的接触，完成两国间自1952年（昭和27年）开始的长期谈判，于1965年（昭和40年）缔结了《日韩基本条约》，建立了邦交关系。佐藤荣作还向美国提出归还小笠原诸岛、琉球和冲绳的问题。经过双方数次磋商，美国最终决定将以上三处的"行政管辖权"交给日本，日本则允许美国继续使用冲绳作为军事基地。

日美间的领土问题即告解决之际，却引发了日中之间的领土问题。1972年，美国在将琉球群岛移交给日本托管（主权不属于日本）时，擅将主权属于中国的钓鱼岛及其附近岛屿的"行政管辖权"交与日本，致使钓鱼岛问题复杂化，迁延至今未获解决。

20世纪60年代也是日本在野党多党化的时代。1960年，民社党从社会党分裂出去，在众议院的席位从1960年的17席增加到1969年（昭和44年）的32席。而日本共产党的席位也从1963年（昭和38

年)的5席增加到1969年的14席。1964年成立的公明党在1967年(昭和42年)的大选中也获得25个席位,在1969年进一步增加到47席。自民党在国会选举中的得票率有所下降,但在野党的多党化及其相互矛盾不断,减轻了自民党的外部压力,增强了佐藤的执政地位,其执政时间长达七年零八个月,成为日本内阁制度形成以来任期最长的首相。

随着产业、经济的高速发展,城市人口也急剧增长,造成住房难、交通拥挤等社会问题。而工业发展带来的空气污染、水污染、噪声、地面下沉等公害问题也大量发生。最著名的公害事件是造成数百人死亡、数千人中毒的"水俣事件"。当时,女诗人石牟礼道子走访了这一事件的受难家庭,于1960年出版了《苦海净土》一书,震惊全国。由此掀起了保护自然的民众运动。

在民众运动的压力下,1967年日本政府制定了《公害对策基本法》,1971年(昭和46年)设立了环境厅。但是,工业化高速发展所带来的环境问题仍然严重。正如日本经济学家都留重人所指出的那样:二十年的极高增长率,是以牺牲各种各样不能交易的舒适环境为代价的。人们经常认为优美的环境是只有收入提高后才可以享受的一种奢侈品;然而,在日本,环境污染总是由当地的穷人承受恶果。

日本人对其他国家的态度犹如一个钟摆，晃动于自卑感和优越感之间。

——［美］埃德温·赖肖尔

51. 动荡的20世纪70年代

佐藤荣作说："每每日本与美国背道而驰，国家就会蒙难；每每两国通力协作，日本就会昌盛。因此，我的方针就是与美国充分合作，确保世界和平。"因此，佐藤荣作任内，与其兄岸信介一样采取对中国封锁的政策。不仅阻挠中日民间交流及贸易往来，还发表敌视中国的言论、抵制恢复中国在联合国的合法席位。

1971年（昭和46年），美国对华政策悄然发生变化。7月15日，在日本事前毫不知情的情况下，美国突然宣布尼克松总统即将访华。这一消息震惊了日本朝野；美国的"越顶外交"使得作为美国附庸和反共堡垒的日本目瞪口呆，日本人至今仍将此事称为"尼克松冲击"。

同年8月15日，为了抑制国内通货膨胀、维护外贸利益，美国宣布停止美元与黄金的兑换，并对进口商品一律征收10%的进口附加税。此举不仅打破日本无限出口的美梦，也迫使日元升值17%。面对政治、经济两方面突如其来的"尼克松冲击"，佐藤首相措手不及，消极应对。1972年（昭和47年）6月，佐藤荣作黯然辞去自民党总裁和政府首相的职务。

随后，田中角荣（1918—1993）内阁成立。在就任后的记者招待会上，田中角荣明确表示："中日关系正常化的时机已经成熟。"新上任的外相大平正芳则说："为了中日关系正常化，首相或外相有必要访问中国。"9月25日，田中角荣首相应中华人民共和国周恩来总理的邀请访华。9月29日上午，签署了中日两国建交联合声明，实现了中日关系正常化。日方声明："痛感过去由于战争给中国人民造成重大损害的责任，表示深刻的反省……"1973年（昭和48年）5月，中日两国签署了铺设海底电缆的协议，1976年（昭和51年）7月项目完成。1974年（昭和49年）4月，两国又签署了中日航空协议。

20世纪70年代初，日本经济的高速增长进入末期。1973年10月，中东战争爆发，引发石油危机，使日本经济遭到战后最严重的打击。石油和电力供应短缺给日本钢铁、石油化工等部门带来巨大的损失，造成1974年经济实际增长率下降到-0.4%，为战后首次出现的负增长。消费物价一路上涨，国民生活受到严重影响，甚至出现了家庭妇女抢购卫生纸的现象。股票价格下跌29.7%，倒闭的企业达11681家，官方公布的失业人数达到112万。

为克服经济危机，日本政府采取了抑制总需求、紧缩金融和控制基础物资价格等政策。同时大力提倡节省能源，鼓励开发石油替代能源。大力资助尖端技术领域的发展，实现产品特别是出口产品的高附加值化；推进生产、经营合理化，企业的素质和效率有了明显的提高。到1975年（昭和50年），日本经济已经走出危机。

1979年（昭和54年），第二次石油危机发生。但此时整个日本经济已经完成产业升级，足以抵挡新的石油危机。为了调整产业结构，1975—1979年间，日本钢铁、石油制品、化工等资本密集型产业固定资本投资额一路下降，而汽车、电气机械、半导体、集成电路等高技术产业的比重则大幅提高，日本经济赢得了新一轮的稳定增长。1980年（昭和55年），日本的汽车产量及外汇储备均超过美国，跃居世界第一位。

20世纪70年代的日本政局也是跌宕起伏。田中内阁实现中日邦交正常化，得到社会各界的欢迎和支持。但是，经济危机致使物价上涨、通货膨胀，引起民众不满。1974年10月，《文艺春秋》杂志刊登了评论家立花隆的文章，揭露田中角荣财产来路不明。"金权政治"的丑闻使田中内阁支持率下降到12%，不支持率上升为69%，田中角荣被迫辞职，日本政局为之震荡。

随后，三木武夫（1907—1988）成为自民党总裁和日本首相。三木内阁力图改变自民党"金权政治"和"派阀政治"的形象，恢复在国民中的威信。三木武夫上台后，对《政治资金限制法》和《公职选举法》做了修改，结果触及自民党自身的利益而引起了党内的不满。不久，日本战后最大的受贿案"洛克希德事件"（美国飞机制造商向日本政界人士进行贿赂以推销飞机）曝光。三木武夫彻查此案，使与此案有关的前首相田中角荣被送进了拘留所。

三木武夫接连揭露政界与财界暧昧关系的做法遭到自民党内田中派的抵制和反抗。同时，三木武夫拒绝给予国营企业工人罢工的权利，并先后三次以私人身份参拜靖国神社①，遭到在野党和普通国民的不满。在一片"倒三木武夫"的声浪中，三木武夫走下政坛。

此后，从福田内阁到大平内阁，都曾致力于执政党内部的改革。但是，金权政治已经积重难返，自民党在政治改革上举步维艰。日本政局在动荡中走过了20世纪70年代。

在恢复中日邦交正常化之际，日美关系也迈进了新的阶段。1974年11月，作为历史上首位访问日本的美国总统，福特抵达东京。1975年秋，日本天皇裕仁及其皇后访问了美国。而历届内阁上台之后，首次出访先去美国，也已是不成文的惯例。日美之间的贸易摩擦愈演愈烈，两国在相互摩擦、协调中逐步加深了相互依存的关系。

1975年，日本参加了由法国倡议召开的六国首脑会议（1976年加拿大加入后为七国）。1977年（昭和52年）8月，首相福田赳夫

---

① 靖国神社，1869年创设于东京，原名"招魂社"，1879年改为靖国神社。是供奉战争亡灵的地方，一直在陆军省、海军省的管辖之下。该神社供奉着自明治维新以来的246万余名阵亡军人，战前被喻为"天皇制和军国主义的精神支柱"。

1969年，第六十一届国会，以"遗族之声"为背景，自民党议员以立法形式提出了《靖国神社国营法案》，明目张胆地挑战日本宪法的政教分离原则。虽然自民党的这个法案成为废案，但从1970年到1973年，每年都向国会提出该法案。在社会舆论的压力下，自民党在1975年4月不得不表明"放弃提出法案"。此后，自民党改变策略，改为历届首相参拜靖国神社。1975年8月15日，三木武夫首相以"私人身份"参拜，打开了突破口。1978年，东条英机等甲级战犯作为"昭和的受难者"被加入了灵玺簿（合祀）。到1985年8月15日，以公职身份参拜靖国神社的"公式参拜"开始了。——（日）津田道夫《南京大屠杀和日本人的精神构造》

访问东南亚六国,在马尼拉发表了被称为"福田主义"的演说,即《日本的东南亚政策》。宣称日本决心坚持和平,不做军事大国,与东南亚各国建立"心心相印"的信任关系,加强合作以促进地区和平与繁荣。1978年(昭和53年)10月23日,中国国务院副总理邓小平与日本首相福田赳夫出席在日本首相官邸举行的《中日和平友好条约批准书》互换仪式,两国关系继续向前发展。

不问有罪无罪，不问年老年幼，我们的全体都必须承受过去。全体都与过去相连，都对过去负有责任。……问题不是克服过去，告别是不可能的。后来改变不了先前的事实，但对过去的闭目就是对现在的盲目。不把非人类的行为刻于心上的人，就容易再次陷入同样的危险。

——［德］里夏德·冯·魏茨泽克

52. 中曾根时代

战后，在国际事务中，日本一直附和美国。20世纪70年代初期的"尼克松冲击"使日本惊慌万分，一味遵循"经济外交"的日本政治家开始重新反思政治问题。20世纪80年代的日本已经是世界第二经济大国，其国际地位却微不足道。因此，日本国内要求改变"经济大国""政治小国"形象的呼声日益高涨。1982年（昭和57年）11月27日，主张在国际事务中加大日本的发言权、提高日本军事影响力的中曾根康弘被推上政治前台，出面组阁。

中曾根康弘上台后说："我们已经来到了这样的转折点，即面向21世纪……大胆触动过去意见纷纭或小心回避的问题，重新形成统一的看法，以促进日本作为一个国家和民族在世界上堂堂正正地前进。"并提出"战后政治总决算"的口号，致力于推动日本成为政治大国。所谓"总决算",就是要对国内的行政、财政、教育进行改革;挑战战后"禁区",增加防卫经费、修改宪法。希望建立与政治大国相适应的政经体制。

中曾根康弘对政府机构进行了调整,增强了首相的权力。同时,对一些国营公司进行股份分割,使之民营化;财政方面实施紧缩政策,力争降低财政对国债的依存率;教育方面提出"继承日本的传统文化"的改革思想。

外交方面,中曾根康弘实现政治大国理想的基本前提和重要思路,是密切日美同盟关系。1983年(昭和58年)1月,中曾根康弘访美,强调日美是一个命运共同体,直言日美同盟具有军事性质。访美之前,中曾根康弘还对韩国进行了闪电式的访问,大谈"美日韩安全合作体制",深得美国的欢心。在其执政五年间,中曾根康弘先后七次访美,里根总统也曾两次访日,双方会谈达十二次,日美同盟关系更加紧密。

为配合美国的"星球大战计划",日美签署了武器技术转让备忘录,参与美国的研究计划。以此为契机,中曾根政府将1987年(昭和62年)的国防预算提高到国民生产总值1.004%的水平,突破了1976年(昭和51年)三木内阁时规定的不超过国民生产总值1%的限制,成为仅次于美、苏的世界第三大军费支出国。

1983年5月,在美国威廉斯堡的西方七国首脑会议上,中曾根康弘宣称,日本要同其他北约六国结成共同安全保障关系,进入以美国为中心的全球集体防御体系,并主张由西方七国首脑会议在构筑世界新秩序中发挥核心作用。显然,日本已将自己视为"西方一员"。

在解决与美国的贸易摩擦问题上，日本主动承担"相应责任"，转变外需主导型的经济目标，加强发展内需主导型的经济，并降低关税、改善进口制度、开放国内市场。从1981年（昭和56年）起，日本大力倡导"科学技术立国"，提倡"自立自主技术"。高新技术产业得到迅速发展，产业结构持续优化，经济运行质量不断提高。

到1985年（昭和60年）时，日本成为世界上最大的债权国，对外净资产高达1298亿美元。而当时的美国，财政赤字越来越大，对外贸易逆差大幅增长。为了摆脱国际债务压力，提高美国产品的出口竞争力，从而改善美国的国际收支恶化状况，美国希望再次实现美元贬值。

1985年9月22日，在美国压力下，日本被迫与美国、德国、法国、英国在纽约广场饭店签订了《广场协议》（*Plaza Accord*），决定五国政府联合干预外汇市场，使美元对世界其他主要货币的比率在两年内贬值30%，以解决美国巨额贸易赤字问题。

《广场协议》签订后，上述五国开始联合干预外汇市场，在国际外汇市场大量抛售美元，继而形成市场投资者的抛售狂潮，导致美元持续大幅度贬值。在美国政府强硬压力下，不到三年的时间里，美元对日元贬值了50%，也就是说，日元对美元升值了一倍。

日元急剧升值导致日货的国际市场价格大幅上扬，直接削弱其竞争力，出口企业及其配套企业的收益迅速恶化，日本陷入了"日元升值萧条"。为了维持汇率，阻止日元进一步升值，日本政府一方面降低银行利率，另一方面放出大量货币干预市场，致使大量资金流向获利快又高的房地产和股票市场，结果导致房地产、股票的价格飙升，大大脱离了真实价值，产生了泡沫经济。

在日元升值的压力下，国内物价暴涨、劳动力成本急剧攀升，导致大批制造业企业纷纷迁往海外，谋求生存空间，发生所谓的产业"空心化"现象。1988年（昭和63年），据美国《商业周刊》统计，当时世界排名前30位的跨国公司中，日本企业占了22家。说明日本企业已经大量跨出国门，实现了国际化生产。

这一时期，为了宣扬"政治大国论"，中曾根康弘打着"战后政治总决算"旗号，煽动日本民族主义情绪和大国意识，借以软化反对扩充军备的国民态度。还通过参拜靖国神社来打破禁忌，肯定军国主义的所作所为，歪曲历史，模糊侵略战争的性质，淡化日本人的赎罪意识。

1982年，日本文部省指责送审的小学、高中历史教科书把日本"写得太坏"，要求把描述日本侵略历史的部分予以淡化或删改，把"侵略华北"改为"进入华北"；把日本"对中国的全面侵略"改为"对中国的全面进攻"；把日军在中国实施的"三光"政策改为"抗日运动的展开迫使日本军队保证治安"；还把"日本危害中国军民，进行强奸、掠夺、放火，中国牺牲者达20万人"一段删去，歪曲成"由于中国军队的激烈抵抗，日军蒙受很大损失，激愤而起的日军杀害许多中国军民"，等等。

此事遭到中国及亚洲各国的强烈抗议和猛烈抨击。但是，在1986年（昭和61年），由日本右翼团体组织编写的严重歪曲日本侵略历史的高中历史教科书，还是通过了文部省的审定。这一举动再次引起日本在野党和各界人士的强烈反对。而中国、朝鲜、韩国及东南亚各国也纷纷谴责日本美化侵略历史的行为。中曾根内阁迫于压力，罢免了文部大臣藤尾正行。

1984年（昭和59年）3月，中曾根康弘访华，宣布在1984—1990年的七年间向中国提供4700亿日元的低息贷款，双方就成立"日中友好21世纪委员会"问题达成协议。随后，双方又设立了中日关系中长期展望、中日经济科技交流、中日青年文化交流三个专门委员会。为增进中日两国青年间的相互了解与友谊，中国政府邀请了来自日本政府、政党、青年团体、友好团体、工会以及妇女组织等300多个部门、团体和大学等3000名日本青年于1984年9月24日至10月8日访问中国，掀起了中日青年交流的高潮，促进了中日关系的发展。

虽然如此，1985年8月15日，日本战败四十周年之时，中曾根康弘继日本首相东久迩稔彦、币原喜重郎、吉田茂、岸信介、池田勇人、佐藤荣作、田中角荣、三木武夫、福田赳夫、大平正芳、铃木善幸之后，不顾国内外的反对，悍然率其阁僚正式参拜靖国神社。加上掩盖侵略历史的教科书，及1987年（昭和62年）2月大阪高等法院将"光华寮"判给中国台湾当局等事件，都深深地伤害了中日关系的正常发展。

中曾根康弘的"大国政治论"深得日本国内各界的追捧。1989年（平成元年）1月，日本出版了一本轰动一时的政论图书《日本可以说"不"》，作者是原自民党国会议员石原慎太郎和索尼公司社长盛田昭夫。书的副标题叫"新日美关系的对策"。该书宣扬"日本民族优秀论"，"日本不要屈服于美国的恫吓"，必要时就坚决地对美国说"不"。在这种氛围下，自民党在1986年的参、众两院选举中大获全胜。中曾根康弘的总裁任期也因此破格延长一年。1987年10月，中曾根康弘指定竹下登（1924—2000）为下一届自民党总裁。

随着日本日益富足和成为世界经济大国，日本人变得更自信也更武断了。人们更加保守，更加愿意支持自民党，尽管好几位首相和内阁大臣均因经济或桃色丑闻而被迫辞职。

——［美］罗兹·墨菲《亚洲史》

53. 利库路特事件

1987年（昭和62年）11月，竹下登出任首相、组建内阁。竹下登执政之初，继续推行中曾根内阁路线。内政方面继续实施行政、财政和教育三大改革，经济上强化内需主导型经济结构、刺激公共事业投资，以保持经济增长。对外仍以日美协调为基轴，继续推行中曾根外交路线，提高日本在国际社会中的影响。

与中曾根康弘不同的是，1988年（昭和63年）2月22日，竹下登在众议院预算委员会上强调，不做军事大国是日本的国策。后来，在访问朝鲜和中国时又重申这一原则。

1988年6月，日本与美国达成了牛肉、柑橘进口自由化协议。当时适逢日本经济刚刚渡过日元升值的难关，经济形势趋向好转，日本朝野对竹下内阁颇有好感。

然而，恰在此时，"利库路特事件"披露报端，日本政界为之震动。此事祸起利库路特公司。这家公司成立于20世纪60年代，是一家大学新闻广告社。创办人是23岁的江副浩正，出版《企业介绍》(《利库路特手册》)等刊物，刊登企业招聘广告，卖给应届高中生和大学毕业生。70年代时发展为中型企业，80年代跨入大企业行列。

利库路特公司发迹的最大秘密是向财界和政界高层人士行贿，行贿的主要手段是转让股票和现金贿赂当权者。中曾根康弘执政期间，仅1984年（昭和59年）12月和1986年（昭和61年）9月两次股权转让中，受贿者就达155人。

这些权钱交易内幕的败露，始于利库路特公司下属的房地产公司宇宙公司。20世纪80年代，宇宙公司将公司未上市交易的股票，低价转让给川崎市市长助理小松秀熙3万股。结果，小松秀熙开后门，宇宙公司得到川崎市黄金地段的一块地皮。这一黑幕交易被人举报后，神奈川县警察局和横滨市地方检察厅同意受理此案，但封锁了消息。

"没有不透风的墙"，此事被《朝日新闻》川崎分社的副社长山本发现。出于职业的敏感，他认定其中大有文章，便带领几名记者开始了跟踪调查。经过追踪调查，掌握了小松秀熙接受股票的大量证据，并获悉前文部大臣森喜朗等人涉嫌此案的重要情报。

1988年6月18日，《朝日新闻》披露了这一丑闻，消息顿时轰动了全日本。据统计，利库路特公司通过转让股票、捐款、认购宴会券等形式，先后向60多位国会议员行贿，数额达13.3亿多日元。

6月20日，川崎市市政府免除了小松秀熙的职务，随后东京地方检察厅立案调查此事。由于牵扯内阁成员等众多自民党成员，自民党试图阻止调查，利库路特公司也试图以金钱收买的方式了断此事。然而，1988年9月5日晚，日本电视新闻播放了该公司领导层企图行贿调查人员被回绝的音像资料，引起社会舆论的广泛谴责，要求彻底查清此案的呼声日益高涨。

在众多受贿人中，最醒目的就是前首相中曾根康弘和在任首相竹下登。中曾根康弘通过其秘书共接受了利库路特公司1.1亿日元的政治资金。而竹下登则在1985—1987年间以其秘书青木伊平和亲属的名义，从利库路特公司接受贿赂共约2亿日元。青木伊平在后来接受调查时畏罪自杀，但竹下登并未因此从案件中脱身出来。

为了恢复国民的信任，1988年12月27日，竹下登改组内阁。但是，新内阁组建之后，还没来得及行使职权，就有三位内阁成员因受贿而辞职。加上自4月1日起，政府开始征收消费税，加重了国民负担，更加激怒了国民。竹下登内阁的支持率一度降至3%，是战后支持率最低的内阁之一。

1989年（平成元年）1月7日，昭和天皇去世，皇太子明仁继位后，选择"平成"作为新年号，即祈愿"地平天成""内成外平"。面对焦头烂额的日本政治，明仁强调将"与国民同甘共苦"，同时提出"摸索天皇应有的存在方式"，并对外积极开展"皇室外交"。

新天皇在积极努力地刷新自己的"存在感"，竹下登则不得不结束自己的政治生涯。

1989年4月11日，竹下登在日本众议院承认自己受贿的事实。4月25日，在记者招待会上宣布辞职。6月2日正式辞职。

在竹下派的操纵下，外务大臣宇野宗佑被指定为自民党总裁及政府首相。宇野内阁力图摆脱政治危机，推行政治改革，重新树立自民党的形象。但上任不久，这位新首相就遭到桃色事件的困扰。一名"艺伎"揭发宇野宗佑曾与她有染。一时间，社会各界议论纷纷，在野党也对其猛烈抨击。加上消费税、农产品进口自由化以及利库路特事件的影响，自民党在7月举行的参议院选举中惨遭失败。7月24日，宇野宗佑首相宣布引咎辞职。8月8日，党内小派系出身的海部俊树当选为自民党总裁，出任政府首相。

日本过去较好地适应了以美国为中心的国际政治和经济秩序，现在不能把建立国际秩序的责任交给别人……日本必须结束迄今为止的被动外交，树立自己的独立形象，有自己的主张，并确保在国际社会中的发言权。

——［日］栗山尚一

54. 联合政府

在经历受贿丑闻、桃色事件之后，自民党陷入了空前的政治危机之中。为了改善形象，恢复国民的信任和支持，海部内阁致力于政治改革，并争取妥善处理消费税及农产品进口自由化问题。1990年（平成2年）2月，自民党在众议院选举中获得了过半数的席位，暂时稳定了政局。

海部俊树上台不久，国际形势发生了巨大变化。1989年（平成元年），苏联总统戈尔巴乔夫在马耳他对美国总统布什宣称："我们再也不把你们看作敌人了。"持续五十多年的美苏"冷战"结束了。随后，德国统一、"海湾战争"爆发、苏联解体，重大事变接二连三。海部内阁充分利用风云际会的国际局势，积极开展"大国外交"。一方面继续巩固与美国的相互信赖关系，另一方面积极加强与欧洲、亚洲各国的往来。

在不到一年的时间里，海部俊树首相先后出访了十九个国家，其中三次赴美访问。截至1990年，日本连续八年成为世界上最大的对外援助国。军事受限的日本，通过对外经济援助来施展对外发展战略。作为经济大国和技术大国，日本对参与建构"冷战"后的国际新秩序兴趣强烈。

1990年1月，海部俊树首相亲笔写信给美国总统布什，提出"必须以美、日、欧三极为主导来形成世界新秩序"，明确表达了日本参与主导国际秩序的政治目标。1990年8月伊拉克侵占科威特后，日本向多国部队和海湾周边国家提供了130亿美元的援助。

同时，海部内阁加强了日本的防卫力量。1990年12月20日，海部内阁通过了《中期防务计划（1991—1995年）》。但是，海部内阁为了向中东地区派遣军事人员而向国会提交的《联合国和平合作法案》（简称《国际和平合作法》），遭到在野党的强烈反对而成为废案。1991年（平成3年）11月海部俊树下台。

1992年（平成4年），宫泽喜一当选自民党总裁和政府首相后，经过修正的《国际和平合作法》得到国会通过。已经实施四十六年的战后日本"和平宪法"的"禁区"被突破了，日本自卫队向海外派兵合法化。

宫泽喜一上台后，政治上继续实行改革，在经济上提出了建设"生活大国"的五年计划，以使日本国民"真正过上与其国家经济实力相适应的生活"。采取措施缩短劳动时间，改善居住和环境条件，增加国民收入，扩大文化领域投资，发展社会福利事业。

1992年4月，中国国家主席江泽民应邀访问日本。宫泽喜一首相表示，日中关系与日美关系并列，是日本最重要的两国间关系。在宫泽喜一首相的努力下，日本天皇实现了历史上的首次访华，促进了中日两国的相互理解和信任。

就在日本政局看似稳定之时，自民党风波再起。1991年6月，"东京佐川快递事件"见诸报端。1992年2月，东京佐川快递公司总经理渡边广康，因涉嫌行贿政界要人而被捕。随后，自民党内竹下派的领袖人物金丸信，因涉及此案而辞去自民党副总裁以及国会议员的职务。不久，金丸信又因偷税漏税而被捕。随后又有多名自民党政要涉嫌贿赂案被曝光。同时，日本政界与金融界互利互惠的"证券丑闻"也公之于众。日本国民纷纷走上街头，举行集会和游行，反对政府和自民党的腐败。

在国民要求政治改革的呼声中，自民党陷入四分五裂。1992年5月，原自民党副干事、熊野县知事细川护熙脱离自民党，创立"日本新党"。1993年（平成5年）6月18日，在野党联合提出对宫泽内阁的不信任案，宫泽喜一首相解散众议院，举行大选。

不信任案被通过后，自民党干部武村正义等10名众议员退党，成立"先驱新党"。6月23日，自民党"改革派"首脑小泽一郎脱党，带领44名国会议员成立了"新生党"。自民党内其余80多名议员则以海部俊树为核心成立了"自民党政治改革推进议员联盟"。

7月18日，日本第四十届众议院议员选举揭晓，自民党获得席位最多，但不足过半席位。其他席位被社会党、新生党、新党魁党、公明党和日本新党等分得。在这种情况下，形成了"七党一派联盟"，即社会党、新生党、公明党、日本新党、民社党、新党魁党、社民联及参议院民主改进联盟,推举日本新党领袖细川护熙为首相候选人。8月6日,细川护熙当选为日本国第七十九任首相,组成联合政府。新政府的成立,结束了自1955年(昭和30年)以来长达三十八年的自民党独步日本政坛的局面。

联合政府执政伊始,便开始了选举制度的改革。1994年(平成6年)1月29日,国会通过了《公职选举法修正案》《政治资金限制法修正案》《政党助成法案》和《众议院议员选区划分审议会设置法案》。

值得一提的是,在日本历届首相中,细川护熙第一个公开承认日本在"二战"中对外发动的是侵略战争,并为此表示道歉。因此,赢得国际社会的好评。同时,他也是战后日本第一位对美国说"不"的首相。在进口大米和设置进口美国产品配额的谈判中,拒绝了美国的过分要求,受到日本舆论界的赞扬。

但是,细川护熙领导的联合政府的八党派之间矛盾重重,而在野的自民党又揭露细川护熙违法接受企业捐款。1994年4月,细川内阁被迫集体辞职。之后,羽田孜接任联合政府第二任首相,执政不到两个月,社会党、新党魁党发难,退出联合政府,羽田内阁被迫集体辞职。自民党趁机推荐社会党委员长村山富市为首相,1994年6月,由自民党、社会党和先驱新党组成新的联合政府。

自民党和社会党是两大对立的政党,政治理念和政策主张相去甚远,联合执政中争吵不断,突发事件频频不能及时处理,引起在野党与民众的普遍不满。1995年(平成7年)1月的阪神大地震,民众死亡数高达6000余人;3月的奥姆真理教事件,伤亡超过5000人。

在7月的参议院选举中,社会党的席位从61个下降到38个。11月又发生了驻冲绳美军强奸日本女小学生事件,震惊全国。1996年(平成8年)1月,心力交瘁的村山富市主动请辞,将首相职务让给自民党新总裁桥本龙太郎,并将社会党改名为"社会民主党",简称"社民党"。

我是河滩枯萎的芒草，
你也是一棵枯萎的芒草，
我们在这个世界上终归是
不开花的枯萎芒草。

——日本古代和歌

----

55. 桥本—小渊—森喜朗

　　1996年（平成8年）1月，桥本龙太郎出任首相。同年4月，桥本访问美国，与克林顿总统签署了《日美安全保障联合宣言》。在强调日美基轴关系的同时，桥本龙太郎也表示，要与亚太各国开展"心心相印的外交"。然而，7月29日，桥本龙太郎仍然不顾中国和韩国的强烈反对，以"内阁总理大臣"的身份参拜靖国神社。

　　桥本龙太郎上台之时，正逢日本经济经过漫长的萧条期逐步回暖的阶段。20世纪80年代中后期，"泡沫经济"曾导致日本股市、房市暴涨，通货膨胀高涨。西方工业国家经济不景气，加之东南亚、拉美等发展中国家的激烈竞争，导致日本企业产品销售下降、生意缩减。1991年（平成3年）政府制定"地价税"，打压地产业的虚高价格。在一系列的政策冲击下，经济泡沫破裂，股价、地价开始缩水，通货膨胀得到抑制。在1992年（平成4年）至1995年（平成

7年)期间,日本经济的实际增长以每年几乎不到1%的速度缓慢进行。苍白无力的日本经济在1995年后开始明显复苏,1996年实际经济增长率达到3.4%。

1997年(平成9年)年初,桥本龙太郎实施紧缩财政政策,并提高消费税、提高个人承担的医疗费用,结果导致国民不敢消费、国内需求萎缩的局面,当年第二季度经济出现负增长。又遭遇亚洲金融危机,刚刚复苏的日本经济遭到严重打击,陷入新一轮的衰退之中。

在经济萧条期,拥有巨额不良债权的金融机构成为泡沫经济结束之后的重灾区。1997年11月,日本第十大银行北海道拓殖银行因巨额不动产贷款无法收回而倒闭,同时,四大证券之一的山一证券也因巨额债务而破产。为稳定金融体系,减少倒闭事件再发生,政府承保了巨额居民存款,并向倒闭银行注资,因此加重了政府财政的负担。

经济形势的恶化,迫使桥本龙太郎在1998年(平成10年)3月26日推出日本有史以来最大的经济刺激方案,涉及金额高达16万亿日元(相当于1240亿美元),相当于政府预算的20%以上,主要用于公共工程投资。4月,桥本龙太郎再次宣布削减4万亿日元的所得税,并正式启动经济刺激方案,但市场没有任何反应,日元汇率与经济增长率进一步下降。经济的不景气导致自民党在7月的参议院选举中惨败,桥本龙太郎首相引咎辞职。

1998年7月24日,小渊惠三在自民党总裁选举中获胜,7月30日出任内阁首相。小渊惠三上台后,首先把桥本龙太郎的"财政改革法"无限期冻结,开始大力推行扩张型财政政策。启用宏观干预政策,促使经济复苏,1999年(平成11年)日本经济出现缓慢恢复。然而,小渊内阁的扩张型财政也留下了将近100万亿日元的巨额政府债务。

1999年1月,小渊惠三改组内阁,由自民党与自由党重新组成联合政府。3月,小渊内阁打破禁忌,在国会设立"宪法调查会"。4月,国会强行通过了《新日美防卫合作指针》的三个相关法案,即《自卫队法修改案》《周边事态法》《日美相互提供物品与劳务协定修改案》。表明日本向军事大国迈出了切实的一步。8月,国会又通过了《国旗国歌法》,将"日之丸"定为国旗,《君之代》[①]定为国歌。

在外交方面,1998年小渊惠三在访美之后,于11月对俄罗斯进行了为期四天的访问,成为二十五年来第一个正式访俄的日本首相。11月25日,在《中日和平友好条约》缔结二十周年之际,中国国家主席江泽民出访日本,这是中日两国历史上中国国家元首的首次访日,对中日关系来说具有重大意义。

2000年(平成12年)4月2日,小渊惠三首相突然重病不起。4月5日,森喜朗被推选为自民党第十九任总裁,接任日本第八十五任

[①] 1869年,当时在横滨工作的英国军乐团教师约翰·威廉·芬顿听说日本没有国歌,便主动建议如果有人提供歌词,他可以为之谱曲。随后,尾山上尉从歌颂天皇治世功德的《蓬莱山》的集子中选取了《君之代》做歌词。由于有人认为芬顿为《君之代》所谱的曲子缺少庄严感,最后,选择了林广守谱写的乐曲。1880年11月3日,明治天皇生日那天,首次在皇宫中演奏了新国歌《君之代》。

首相。

　　森喜朗执政一年多的时间里，经济毫无起色，政治改革也无所作为。2000年5月15日，在一个宗教团体的成立大会上，森喜朗公然声称"日本是天皇中心的神之国"，受到社会舆论的强烈批判。2001年（平成13年）2月9日，美国"格林维尔号"潜艇在夏威夷海域撞沉了日本水产高中"爱媛号"实习船，造成九人死亡的事件。获悉此事时，森喜朗正在打高尔夫球，没有及时做出反应，仍然若无其事地打高尔夫球。他漠不关心的态度激起了日本国民的愤怒。同时，森喜朗内阁成员的腐败事件屡屡发生。一年间，有三名内阁重要成员因受贿或桃色丑闻而辞职，两名自民党国会议员因贪污或辞职，或被捕。

　　2001年4月18日，深感无法赢得人民的信任的日本首相森喜朗在一场向全国转播的电视新闻发布会上说："我决定辞职，因为我觉得需要一个新政府、一个新起点才能挽回人民的信任。"

> 我将把旧的自民党打碎，重新建立一个新的自民党。我是不会与旧的自民党联手合作的。我将毫不留情，将根据他们是否支持邮政私有化法案来决定候选人提名。
>
> ——［日］小泉纯一郎

56. 小泉时代

小泉纯一郎原属自民党第二大派森喜朗派。为了问鼎自民党总裁的宝座，他提出"脱离派阀政治"的口号，毅然退出森派，以无派阀身份参加自民党总裁竞选。在竞选中，他提出了"改变日本""改变自民党"的口号，着实给自民党和日本国民以极大的震动。

小泉纯一郎"改变自民党"的主张，始于20世纪90年代中期。1994年（平成6年）5月，他与山崎拓、加藤纮一组建了"新世纪俱乐部"，立志改革自民党、加快党内领导层的新老交替。1996年（平成8年），他出版了《官僚王国的解体》一书，批评自民党的"金权政治"，建议邮政事业民营化。小泉纯一郎对自民党传统伦理的"背叛"，赢得了广大国民和自民党内多数党员的欢迎。结果，2001年（平成13年）4月26日，小泉纯一郎以298票对155票战胜桥本龙太郎，当选自民党总裁，接替森喜朗出任日本第八十七任首相，组成自民党、公明党、保守党三党联合政府。

小泉纯一郎的胜利，标志着自民党权力结构的变革：党内最大派系失去了对党的主控权。小泉纯一郎的政治对手桥本龙太郎源于田中-竹下-小渊派系，该派系过去几十年一直控制着日本的政坛。20世纪90年代以来，历届内阁的人事更迭，大多受制于该派。但小泉纯一郎上台后，坚决排除了派系领袖的干扰，在挑选党内要职人选和内阁成员时，都摒弃了按派系实力分配权位的旧习。势力最大的桥本派在18名阁僚中只得两席。"论资排辈"的自民党传统趋于瓦解，小泉纯一郎打破常规，大胆起用年轻有为的少壮派。新内阁还任用了5名女性阁僚。

4月末，小泉内阁刚成立时，社会舆论支持率就高达85%，5月末又上升到87%。这样高的民意支持率，也反映了广大日本国民热切期盼改革的心愿。

在施政演说和随后的多次演说中，小泉纯一郎进一步亮明了改革决心与具体纲领。他说，在经济长期低迷、政府失去信赖、社会充满闭塞感的境况下，没有结构改革就没有日本的再生和发展，必须以"不害怕疼痛，不畏惧既得利益的羁绊，不拘泥于过去的经验，贯彻'不害怕、不畏惧、不拘泥'的姿态，确立适应21世纪的经济、社会体系"，进行一场"无圣域的结构改革"。

小泉纯一郎主张"民间能做的事业让民间做，地方的事让地方做"。行政结构的改革重点是"对于国家经办的事业，要彻底验证其合理性和必要性"。对与政府挂钩的特殊法人团体、公益法人团体进行检证和彻底改革。同时，积极推进包括财政在内的中央、地方分权。

在社会事业方面,小泉纯一郎将改革的矛头首先指向与自民党"金权政治"关系密切的特殊利益团体。据调查,75%的日本民众支持邮政"三事业"(信函业务、邮政储蓄、简易保险)的民营化,54.1%的日本人认为日本道路公团、住宅金融公库等特殊法人应该尽可能地废止或者民营化。但是,这些改革影响广泛、牵扯人员众多,又有派阀势力层层阻挠,进展十分困难。虽有日本国民的支持,小泉纯一郎的改革仍是举步维艰,不容乐观。

至于日本经济,虽然持续不景气,但是实力依然强大。20世纪90年代,除1996年外日本贸易收支一直保持双位数的增幅。外汇储备额也从1991年(平成3年)的682亿美元,一路增至2000年(平成12年)的3616亿美元。经济增长率虽呈低迷状态,但2004年(平成16年)的GDP仍高达3.745万亿美元,GDP实际增长率2.9%,人均GDP为29400美元,仍居发达国家之首。当时,日本仍然是仅次于美国的第二大经济强国。

对于21世纪的日本外交和安全保障,小泉纯一郎明确表示,要以"日美同盟关系为基础"。而反恐怖主义战争,也为小泉纯一郎将日本转换成"正常国家"提供了一个大好时机。2001年"9·11"事件发生后,小泉政府改变了对未来世界多极秩序的期待,认为"国际关系正向着以美国为中心的方向调整",转而主动适应、利用美国的单极霸权,谋取日本的最大利益。9月25日,小泉纯一郎在与布什总统的会晤中,表示日本坚决与美国站在一起进行反恐战争,并说:"日本虽然不能和英国一样参与军事行动,但从政治上来看，日美同盟与美英同盟是相同的。"

2001年10月29日，日本国会通过《反恐特别措施法》，将"专守防卫"的自卫队派往印度洋，支援美国发动的阿富汗战争。2003年（平成15年）3月，美国和英国绕开联合国发动对伊拉克战争后，日本又通过了带有建立战时体制性质的《有事三法案》，坚定支持美国的对伊战争。7月，通过了支援驻伊美军的《伊拉克战后重建支援法案》，将自卫队派往仍有战斗的伊拉克。

实际上，除了核武器、远程轰炸机、核动力潜艇等少数领域外，日本在军事实力上早已成为军事强国。截至2003年，在太平洋上，日本拥有仅次于美国的庞大海军，其地面部队兵力已超过了英国皇家空军和皇家海军的总和。日本自卫队表面上规模似乎不大，但是其27.5万自卫队员中士官以上比例占70%，一旦需要便可以迅速扩充为上百万人的军队。日本自卫队的武器装备、技术水平也是世界一流的。2004年，日本军费开支只占GDP的1%，数额却高达458.41亿美元。相比之下，2004年中国军费开支仅为256亿美元，日本是中国的1.62倍；中国人均军费23美元，而日本人均军费为1300美元；中国军人人均军费支出1.3万美元，而日本接近20万美元，是中国的15倍。

不过，随着中国的崛起，日本过去一百三十年来在亚太地区"一枝独秀"的政治格局改变了。自1868年（明治元年）"明治维新"以来，日本首次面对日益强大的中国，这让日本人感到很不适应。带着对中国日趋复杂的心态，日本既看重中国的广阔市场，希望从中国的迅速发展中得到实惠，又心存疑惧，害怕中国在亚洲的影响力，企图以一种政治上无罪的形象与中国抗衡，试图从多方面对中国的发展加以防范和牵制。为此，小泉政府正沿着"排除外压、思考'谢罪外交'、修改宪法"的政治路线向前迈进。

小泉纯一郎无视亚洲各国的强烈反对，自2001年8月13日到2005年（平成17年）10月17日，先后五次参拜靖国神社。小泉政府在历史问题等方面的错误态度和做法加剧了中日关系的复杂局面。

1992年我就曾经说过，由于持有200万亿日元的不良债务，日本将会有100家银行因之倒闭。可是后来却被人说成，这些银行是"因为大前先生的言论才倒闭的"。日本这个民族总是喜欢把责任全归结到别人头上。

——［日］大前研一

57.政权更迭

2006年（平成18年）8月8日，参议院否决了小泉政府提出的邮政民营化法案。邮政民营化是小泉政府的重要执政目标，法案被否决对小泉政府是一个重大挫折。小泉改革奉行的是自由主义市场经济理论，主张"小政府"，以市场主导经济，政府调控为辅，放松对企业的管制。民营化、市场化改革触犯了利益集团的利益，举步维艰。小泉纯一郎表示，否决该法案意味着参议院对他本人及其政府投下不信任票，他将解散议会，提前举行大选。9月，小泉首相任期届满，自知无力回天，没再寻求连任，黯然辞去自民党总裁的职务。

9月26日，52岁的安倍晋三在众、参两院指名选举中均获过半数选票，当选为第九十任日本首相，成为日本第一位第二次世界大战后出生、战后最年轻的首相。安倍晋三上台后踌躇满志，宣称要做个"战斗的政治家"。

在政治上，安倍晋三承袭自民党从1955年（昭和30年）执政以来就主张的"修改宪法和自主制定宪法"的政治纲领。早在1957年，安倍晋三外祖父岸信介执政时期，即首次设置宪法调查会，推动修宪。修宪的焦点在宪法第二章第九条，规定日本奉行和平主义原则，"永远放弃为国家主权而发动战争、武力威胁或使用武力作为解决国际争端的手段"。基于这一原则，日本不得拥有海、陆、空三军及其他作战力量，不承认国家交战权。安倍晋三声称，宪法第九条限制了日本，让日本始终无法成为一个"正常国家"。安倍晋三决意要在六年后修改宪法。为了推动修宪，安倍内阁先做法律铺垫，出台《国民投票法》，规定了修宪的公投程序。

在外交上，安倍晋三要"提高日本在国际社会的存在感"，一手以日美同盟为中心，一手构筑与亚洲和欧洲的合作关系。同时，继续为日本"政治大国化"开辟道路，希望在联合国"入常"问题上获得一些进展。在记者会上，安倍晋三毫不避讳地提到"小泉外交"的最大失败之一是中日关系，明言对日本而言中国是极为重要的国家，表达了对发展中日关系的重视。

在经济上，安倍晋三提出国民生产总值增长3%的目标，在财政上要求大幅度改革税制。

安倍晋三满怀信心，民众却不买账，民意支持率一路下降。2007年（平成19年）7月29日，安倍晋三领导的自民党在日本参议院选举中大败。8月27日，安倍晋三改组内阁，但仍有多名阁员因丑闻及失言辞职，安倍内阁支持度持续下滑。9月12日，安倍晋三宣布由于个人健康原因辞去首相一职。

2007年9月25日,自民党党首、日本前首相福田赳夫的长子福田康夫,在众议院全体会议上当选为第九十一任首相,并于当天组建新内阁。

71岁的福田康夫接任首相后,提出"新福田主义",推行立足于"国民视角"的政治,倡导"消费者行政",重视消费者利益。然而,屋漏偏逢连夜雨,2007年8月开始,次贷危机席卷美国、欧盟和日本等世界主要金融市场,整个世界经济都陷入了萧条状态。到2008年(平成20年)下半年,日本经济连续四个季度负增长,全球性高油价、高粮价带来民生困难,加之自民党丑闻不断,民意支持率越发大幅滑坡。2008年8月1日,风雨飘摇的福田内阁大改组,但仍然难挽颓势。9月1日,福田康夫宣布辞职,结束了他近一年的执政生涯。

9月22日,麻生太郎当选为自民党第二十三任总裁,9月24日,出任第九十二任日本首相,开创了日本历史上第一个三代首相世家(外祖父吉田茂、岳父铃木善幸和麻生太郎)。麻生内阁被媒体和在野党称为"世袭内阁""少爷内阁"和"公子哥内阁"。18位阁员中有11人是世袭阁僚,四天后国土交通大臣中山成彬辞职,金子一义接任后,世袭阁僚增至12人,超过福田康夫内阁的9人,内阁2/3是世袭议员。民主党的菅直人讽刺说:"麻生内阁类似于安倍晋三的朋友内阁,包括麻生太郎首相在内,前首相的后代就有4人,简直就像江户幕府。"

外相出身的麻生太郎,上台后装扮成经济的麻生太郎,意欲重整经济,赢得国民支持。麻生太郎要求紧急制定追加经济对策,包括设备投资减税、证券交易特别优待税等政策性减税措施,以及大幅降低高速公路费、增加对中小企业的融资援助计划等。

麻生太郎强调，必须考虑好如何应对美国所发生的危机，同时要注重扩大内需，关注汇率变动的影响，尤其是对国民生活的影响，制定相应对策。

2008年10月8日，东京股市日经股指暴跌9.38%，创下二十多年来最大跌幅。麻生太郎表示："这绝不是平常的事情，甚至超出了想象……股价如此大跌，令经济形势变得更加严峻，政府必须竭尽所能。"

与此同时，日本实体经济遭受了更沉重的打击。为了稳定经济，日本政府先后三次出台了总额75万亿日元的经济刺激方案，以解决国民生活、中小企业融资以及稳定金融市场、扩大就业等方面的问题，试图建立内需主导型的经济结构来对抗经济危机，但是种种努力悉数落空，日本经济一蹶不振。2009年（平成21年）2月，麻生内阁经济和财政政策大臣与谢野馨表示："日本正面临'二战'以后最严重的经济危机。"

随后两个月，麻生太郎继续祭出各种招数，提出将以"引领世界二氧化碳低排放革命""建设健康长寿社会"和"发挥日本魅力"为三大支柱的经济增长规划，力争在今后三年里创造出40万亿到60万亿的国内需求和140万人到200万人的就业岗位。可惜，麻生内阁的努力并未得到广泛的支持。

草率鲁莽的麻生首相，汉字水平只有七级，相当于小学生水平，远不到日本内阁规定的二级水平（最高一级）。发表讲话时经常读错汉字，被媒体取笑。麻生内阁支持率一路大跌，成立仅两个月，支持率就降了一半多，仅为22%，执政半年，支持率降到14%，与小泉（78%）、安倍（63%）、福田（53%）三届内阁成立之初的支持率相比，真是一届不如一届。

2009年8月31日，日本第四十五届众议院选举，自民党"树倒猢狲散"，众多老牌政治家纷纷落选，只获得119席，号称"万年执政党"的自民党首次丢掉了在众议院"一党独大"地位，而民主党大获全胜，赢得308席。9月16日，麻生内阁全体辞职。

酒酣耳热之时，麻生太郎时常谈起外祖父吉田茂下台时的憾事，追悔外祖父当年没有解散国会，就把政权交给了鸠山一郎，如今轮到自己，解散了国会，结果还是把政权交给了鸠山由纪夫，祖辈角逐的政权，经过半个世纪的世袭交替，在新世纪的日本政坛上由孙子们再次上演了类似的戏码，真是造化弄人苦。

9月16日，民主党代表鸠山由纪夫当选为日本第九十三任、第六十位日本首相，其祖父鸠山一郎曾任日本第五十二、五十三、五十四任首相，是1943年因反对《战时刑事特别法》而敢与东条英机拍桌子的"硬汉政治家"。

这是自民党在1993年（平成5年）经历了短期下野之后，日本再次出现不同政党之间的政权更迭。同样，在日本现行的宪法下，这也是首次在野党通过选举成为国会第一大党并夺得政权。

在历经自民党政权"走马灯"似的换了三届短命内阁之后，人们开始期待民主党新政权的诞生能为疲惫的日本政治带来一股新风，殊不知，民主党的上台，其实也仅仅是执政党的招牌换了而已。

一旦国家对自己产生了误解，它会在所有困难的时候一概而论地给它自己开出错误的药方。

——［美］约翰·肯尼思·加尔布雷思《富裕社会》

---

58. 民主党的"三驾马车"

日本民主党创立于1996年（平成8年）9月28日，由鸠山由纪夫与菅直人、鸠山邦夫（由纪夫胞弟）、横路孝弘等人共同发起。在新党创立之时，由纪夫和弟弟邦夫共同拿出10亿日元作为民主党的活动经费。十几年来，不断招兵买马，发展壮大。

鸠山由纪夫性格稳健，不露锋芒，口头禅是"政治是爱"，以祖父提出的"友爱"思想为政治信条，有"鸽子"的绰号。日本前首相中曾根康弘当年在民主党结党时点评鸠山由纪夫的"友爱"理念就像"奶油冰激凌"：味道甜美，但很快就会消融不见。

2003年（平成15年）9月，民主党与小泽一郎领导的自由党再次合并为一个新的民主党，民主党的力量得到进一步加强。此后，鸠山由纪夫与菅直人、小泽一郎轮流担任党首，三人被外界视为民主党的"三驾马车"，拉着民主党一路前进，终于在2009年（平成21年）8月底，一举将统治日本半个世纪的自民党赶下台，在野党"飞上枝头变凤凰"，扶摇直上变成了执政党。

不过，民主党在参议院的席位没有过半，需要与社民党、国民新党组建联合政权。

2009年9月9日，经过几轮协商谈判，鸠山由纪夫与社民党、国民新党就三党联合执政达成了协议。社民党要求在协议中写入转移驻冲绳美军基地和修改日美地位协定的内容；国民新党要求在协议中写入有关重新评价邮政民营化改革的具体措施。

民主党的执政口号是"改革"。在政治上，提出"反对议员世袭"；在经济上，希望有所发展。鸠山由纪夫表示，现在日本人民生活困苦，主张废除汽油税、撤销高速公路通行税、向抚养孩子的家庭提供现金补助；在外交上，鸠山由纪夫希望日本能是一个"正常化"的国家，他说："我们一定不能忘记日本是个亚洲国家，我相信东亚地区才是日本安身立命的根本所在。"鸠山由纪夫希望日本与同盟伙伴美国保持距离，包括经济政策也不要总是围绕美国制定。

但是，鸠山由纪夫打造"新日本"的雄心壮志受到诸多现实阻碍。首先是日本政府财政吃紧，使其难以兑现各种减税承诺，包括向国民提供"生活援助优先"的承诺。在外交上，想不依赖美国也变得越发困难。

2009年12月3日，日本联合执政党之一社民党党首福岛瑞穗说，如果冲绳驻日美国海军陆战队的军事基地普天间基地转移计划不改变，社民党可能退出联合政府。该基地位于冲绳县宜野湾市中心，基地带来的噪声、事故和美军士兵犯罪等问题一直让周边居民不满。2006年（平成18年），美日两国就达成协议，同意将该基地转移至冲绳县名护市施瓦布军营沿岸地区。此前，以鸠山由纪夫为代表的民主党在迁址问题上一度态度强硬,并倾向于将基地移至冲绳县外或国外,鸠山还在8月的众议院选举中做出将基地至少迁到冲绳县外的承诺。但是,当选之后,鸠山由纪夫的态度便不再强硬,表示"不能允许出现可能削弱驻日美军威慑力的情况"。

2010年(平成22年)2月24日,日本冲绳县议会一致表决,要求日本政府将驻日美国海军陆战队的军事基地普天间基地迁出冲绳县。在权衡日美关系、国内政治、冲绳县诉求三方利害关系之后,鸠山由纪夫试图将基地迁往他地。5月7日,鸠山由纪夫与鹿儿岛县德之岛三名町长举行会谈,要求德之岛在驻日美军普天间基地部分功能迁移方面予以合作,但遭到拒绝。5月12日,民主党的田中肇、盐坂源一郎、岩本一夫三位县议员,向党内递交了请辞书。

无奈之下,5月23日,鸠山由纪夫到访冲绳县,告诉当地官员和居民,美军基地将迁至冲绳县名护市边野古"附近地区"。对此,名护市长宣称"迁入名护市的可能性接近于零",当地民众更是高举黄底红字的"怒"字标语牌,抗议鸠山由纪夫违背其选举时的承诺。

一周后,日本社民党说到做到,在东京都内召开全国干事长会议和常任干事会,决定脱离三党联合,退出联合政府。社民党的决定,让联合政权无以为继,鸠山内阁支持率跌至17%。

6月2日,鸠山由纪夫在民主党两院议员大会上正式表示,因美军在冲绳普天间基地的转移问题意见相左而造成社民党脱离联合政权,他将为失去公众信任负责,辞去首相职务。在辞职演讲中,鸠山由纪夫满含热泪地说:"总有一天,日本人民的和平将由日本人民自己来保障。"

至此，鸠山由纪夫成为日本近十年来，执政时间最短的首相。

2010年6月4日，民主党新党魁菅直人当选为日本第九十四任首相。

这时距离9月份的年度大选仅有三个月。民主党必须在选举中获胜，菅直人方可连任首相。因此，菅直人上台后，首先要确保在夏季参院选举中维持执政党议席数过半，并扭转民主党的支持率节节下挫的局面。同时，菅直人称"要恢复民众的信赖就必须同'政治与金钱问题'划清界限"，表示不会起用深陷资金管理团体收支报告作假丑闻的小泽一郎担任要职。今非昔比，民主党"三驾马车"之间已经亲密不再。

菅直人致力于打造一个充满活力的日本，决心"大力推动实现国民期待的经济、社会和财政改革"。对日美关系，菅直人认为日美同盟关系是日本外交政策"基轴"，对驻日美军冲绳普天间基地搬迁问题，他将遵守美日共同声明，并努力减轻冲绳居民负担。同时，菅直人表示，日本重视发展日中关系，对日本的未来而言，这是"正确选择"。

然而，菅直人随后"要提高消费税"，遭到全国舆论的口诛笔伐，导致7月中旬的参议院大选惨败，形成"扭曲国会"[①]的局面。

---

① "扭曲国会"是指日本执政党在众议院过半数，在野党在参议院过半数而形成的国会众、参两院对峙的状况。在野党占据了参议院过半数议席，日本国会便陷入"扭曲"局面。即朝、野两党分别控制众、参两院的"扭曲国会"，将导致许多重要法案不能正常通过。不仅直接影响日本国内政局长期稳定发展，在一定程度上也影响对外政策的制定。此外，"扭曲国会"也将导致首相更迭频繁。

菅直人任首相后的第一次政治生涯大考失败。

不久，又迎来更大的考验。8月中旬，小泽一郎批评菅直人破坏了长期以来形成的民主党集体领导体制，违反了民主党在夺取政权时向国民宣告的政权公约。并决定参加9月的大选，意将菅直人赶下台。

在鸠山由纪夫的积极斡旋下，小泽一郎和菅直人承诺，在选举后维护全党团结的局面。但是，"三驾马车"分崩离析已经在所难免，毕竟两人党内都有着庞大的支持派系，无论谁输谁赢，都可能造成党内分裂的局面。

最终，菅直人出人意料地以绝对优势在9月14日大选中胜出。

9月17日，新一届内阁成员集体在东京日本首相官邸亮相。人们发现，这是个"脱小泽"特征的内阁班子。在17名内阁成员中，支持菅直人的内阁大臣多达10位，而支持小泽一郎的仅有3位。据说，菅直人原打算为小泽一郎安排代表代理这种没有实权的要职，以示和解，被小泽一郎拒绝。

表面上看，菅直人的连任给日本政治带来了新希望。事实上，菅直人执政之路步履维艰。

面对复苏放缓的日本经济，他誓言"未来三年，将尽全力全方位重建日本经济，为重新创造一个充满活力的日本，愿赌上性命、付出生命"。

菅直人政府出台了耗资9200亿日元的刺激计划，包括延长对家电、房屋的补贴政策，加大就业扶持力度，为中小企业提供技术和资金支持等。但是，仍难改变日本持续通缩的困扰，失业率升高，个人和企业消费意愿低迷。在外交上，9月7日发生了中日撞船事件，菅直人政府非但未能迅速解决问题，反而加剧了日中关系恶化。

12月17日，一份民意调查显示，菅直人内阁支持率已跌至21%，创下其内阁成立以来的新低。日本民众怪罪首相"没有切实应对现在的经济形势"，批评菅直人内阁没能解决财政危机和社会保障问题。在"外交问题上也处理不力"，美军驻日军事基地搬迁的问题依旧悬而未决，在处理日俄"北方四岛"争端上菅直人的表现也没有让民众感到满意，等等。

更让菅直人头痛的还有"党外步步进逼，党内众叛亲离"的问题。

2011年（平成23年）3月4日，日本最大在野党自民党在国会参议院爆出丑闻，日本外交大臣前原诚司去年4月接受了一位旅日韩国女性20万日元的政治献金。两天后，前原诚司宣布辞职，就收取外国人政治献金一事承担责任。就在这几天，民主党内小泽一郎派的议员平野贞夫宣布率领16位民主党参议员脱党，并威胁投票反对2011年预算案关联法案。在首相菅直人焦头烂额之时，又有3名内阁重臣被爆出"政治献金问题"。

然而，令所有人意料不到的是，这一年，给日本带来重创的不是政党之争，而是一场突如其来的大地震。

2011年3月11日，日本东北部海域发生9.0级特大地震，随后地震引发海啸，并导致福岛第一核电站发生核泄漏事故。一场复合型灾难给日本造成强烈的冲击，导致1.8万人遇难，经济损失高达16.9万亿日元，约合1.36万亿人民币，日本骤然陷入"二战"之后的最大危机之中。地震发生之后，此前对立的日本朝野政党之间达成共识，暂时进入"政治休战"状态。

遗憾的是，国难当前，朝野政党并未能团结协作。

菅直人呼吁朝野各党跨党派进行合作，邀请最大的在野党自民党总裁谷垣祯一入阁出任副首相兼灾后重建担当大臣，但是自民党一心只想让菅直人下台，根本无心与之合作，拒绝了加入紧急内阁的邀请。

大灾面前，只有强势政权才能带动灾后重建，而日本执政党党内斗争从未停止，加之在野党的不断倾轧，菅直人政府在推进灾后重建工作中常常力不从心。

6月，自民党提出对菅直人内阁的不信任案投票。菅直人表示，将在地震灾后重建基本法案获国会通过和2011财政年度第二份补充预算案编制"有一定眉目"时辞职。

8月26日，菅直人作为辞职条件的"公债发行特例法案"和"再生能源特别措施法案"获得参议院全体会议通过，菅直人正式宣布辞职。

鸠山由纪夫点评说："每年像过年一样地换首相，除了是国力渐弱的象征以外，别无其他。"话虽如此，无论政权争夺如何激烈，日本的国家机器还是正常运转。

菅直人之后，时任财政大臣野田佳彦在民主党党首选举中获胜，当选首相。

这时岛国地震已过去半年，东京仍然有许多电梯停止运行。自从核电站核泄漏后，日本国内核电站停运，导致电力供应紧张电费上涨15%～20%。又时值欧债危机外需疲软、日元升值导致出口企业受挫。

野田佳彦内阁面对的是严峻的日本经济形势。他希望通过增税来筹措东日本大地震的重建费用。

为了解决财政窘境，确保社会保障有稳定财源，野田内阁决心推进以消费税增税为核心的社会保障与税制一体化改革法案。但是要想顺利通过法案，野田佳彦不仅需要得到在野党的支持，还要排除民主党的党内反对势力的阻挠。

为此，野田佳彦不断调整人事，执政一年多的时间，分别于2012年（平成24年）1月13日、6月4日和10月1日，相继进行了三次内阁改组。为了让在野党同意消费税增税法案，野田佳彦以解散众议院、实施总选举作为交换条件。但是由于加税等于增加民众负担不符民意，因此小泽一郎以"调涨消费税违反了政党当初的承诺"为由，执意反对野田佳彦的改革法案，并于7月，带领50名追随者退出执政的日本民主党，另起炉灶，成立"国民生活第一党"。

小泽一郎退党事件虽然对野田佳彦造成了打击，但是并没有颠覆日本民主党在众议院的多数地位，野田佳彦坚持自己的执政路线不动摇。8月，日本参议院通过了消费税增税法案，此前该法案6月在众议院获得通过，由此消费税增税法案正式成立。

在外交上，野田佳彦表示要坚持以日美军事同盟为核心的日美关系，但是在中日关系上则坚持对华强硬立场。此前，在中日有争议的领土问题上，他曾要求国会通过有关钓鱼岛是日本领土的决议；在历史认识问题上，他认为靖国神社内供奉的甲级战犯不是战犯。

2012年4月，自民党右翼政客、东京都知事石原慎太郎在华盛顿演说时声称：东京都将"购买"钓鱼岛。7月，首相野田佳彦则公开称拟"购买"钓鱼岛，并称最快9月底完成对钓鱼岛的国有化。

9月，日本不顾中国政府的反对，决定从2012年度预算的预备费中拨出20.5亿日元"购买"钓鱼岛及其附属岛屿的三个岛屿，将其非法进行"国有化"。针对日本所谓"购岛"行径，中国政府当时即严正声明，日方所谓的"购岛"完全是非法的、无效的，改变不了中国对钓鱼岛及其附属岛屿的领土主权。中国政府发表了《关于钓鱼岛及其附属岛屿领海基线的声明》和《钓鱼岛是中国的固有领土》白皮书。与此同时，日本政府"购岛"计划激起了中国人民的强烈愤慨，导致日系产品特别是汽车在华销售全面下挫，大量游客取消赴日旅游安排。一度政冷经热的日中关系，再度降到政冷经也冷的冰点，日本经济雪上加霜。

日本前总务大臣原口一博毫不留情地当面批评野田佳彦，在与中国国家主席胡锦涛当面交谈后第二天，就确定钓鱼岛的"国有化"方针，完全没有考虑对方的立场和感情，如今导致中国对日本一系列强硬表态，只能怪野田佳彦咎由自取。事后，野田佳彦自己也说："我考虑到了'国有化'会引发一定程度的反应和摩擦，但规模超出了预想。"野田佳彦承认自己预估有误。

野田佳彦的各项主张看似都推进得顺风顺水，其实他知道，自己走的每一步都是"步步惊心"。为了争取在野党自民党和公明党的支持，野田佳彦曾公开承诺将解散众议院举行大选，由此遭到民主党内部成员的强烈反对，党内分裂趋势势不可当。

11月14日，野田佳彦在临时国会上与自民党总裁安倍晋三进行党首辩论时突然表示，如自民党能承诺在本届国会通过众议院选举制度改革法案，削减众议院议员人数，纠正每名议员所代表的选民人数差距太大的现行选举制度，他将于11月16日解散众议院。随后，民主党内再度出现退党离群现象。

12月16日，在众院选举中，民主党不出意料地惨败，获得的席位不及选举前的1/4。最大在野党自民党却在众议院选举中取得压倒性胜利，重新夺回政权。随后，野田佳彦内阁集体辞职，维持了三年三个月的民主党政权宣布下野。

同时，历史给了自民党总裁安倍晋三再度掌控日本政权的机会。12月26日，安倍晋三重返历史舞台，出任日本第九十六任首相。

经过数年摇摆不定的经济政策，终于出现了一个愿意破釜沉舟实现某项目标的领导人，他的目标就是重新恢复经济的通货膨胀状态。无论你对他那些民族主义的观念有何看法，安倍，借用一位政治评论员的说法，的确有能力"改变政治气象"。

——［英］戴维·皮林《日本：生存的艺术》

59.安倍时代

时隔六年，2012年（平成24年）12月26日，安倍晋三再任日本首相。

如果说，安倍2006年（平成18年）第一次任首相时，人们看到的是小泉纯一郎的影子，那么，此次卷土重来的安倍，人们看到的是一个带有先辈的政治烙印的民族主义者。

安倍晋三从小在外祖父岸信介身边长大，岸信介是日本战时内阁大臣，1948年（昭和23年）被释放的甲级战犯，1957年（昭和32年）重返政坛出任首相，人称"昭和的妖怪"。1960年（昭和35年）1月，岸信介内阁不顾民众的反对，坚持签订《日美相互合作及安全保障条约》时，引发了大规模街头示威游行。

那一年，安倍6岁。后来，安倍晋三评价外祖父时说："他能毅然面对社会上喧嚣的非难，其泰然处之的态度，令我全身心地为之感到自豪。"

安倍晋三的父亲安倍晋太郎曾任中曾根康弘内阁的日本外相，推行"创造性外交"，与前首相竹下登、宫泽喜一被并称为中曾根康弘之后的日本政坛"三领袖"。大学毕业不久，安倍晋三就担任其父的秘书。

执政后，安倍晋三的母亲称，安倍晋三在"政策"上像他外祖父，在"政局"上更像他的父亲。

安倍晋三则说："尽管我们这代人常常被称为'冷漠的一代'，但由于在外公、父亲都是政治家这样的家庭里长大，长期耳濡目染，我与同辈人相比，总还是对'国家'有更多的意识。"

安倍晋三对国家的意识就是，日本应该是一个摆脱历史禁锢，摆脱对战争的负罪感，在国际社会中能够昂首挺胸、受到各国尊重的国家。安倍晋三认为，日本人要对日本历史感到自豪，要学会欣赏自己的文化。所以，建立一个"强盛的日本、美丽的国家"是安倍晋三的政治理想。

为了实现这个国家建设目标，"富国强兵"成为安倍晋三的治国理念。因此，先遏止经济下滑的趋势成为安倍新政权的首要任务，"安倍经济学"应运而生。

"安倍经济学"包括三项经济措施：加大财政投入政策，超宽松的货币政策，一系列结构性改革措施。这三项措施被安倍晋三称为三支利箭。他说："在我的计划中，要三箭齐发而且发箭要有力而迅猛。"

2013年（平成25年）1月，安倍晋三内阁如期发出第一支箭，推出一项总数2267.6亿美元的政府投资刺激计划。政府计划将推动日本GDP实际增长2%，创造60万个就业岗位。钱主要用于基础设施建设，包括修复和建设抗震道路、桥梁和隧道等。财政刺激政策得到日本经济界的欢迎，预计会带来国内投资的回暖和消费的复苏，日本汇市和股市也做出积极回应。

第二支箭就是任命新的日本央行行长，黑田东彦被安倍晋三选中。

黑田东彦出任央行行长之后，积极配合"安倍经济学"实施没有"量化限制"的宽松货币政策，加大对市场的流动性供应，决心消除日本多年的通货紧缩，并确立了实现2%通胀目标的两年时间期限。为此，日元大幅贬值，提振了日本国内制造业的出口，企业收益获得改善。

2013年6月5日，安倍内阁发出第三支箭，公布了结构性改革方案，将创立经济特区，吸引外国技术、人力资源和资金。同时，安倍晋三希望通过放松政府经济监管以增强企业竞争力。

对于安倍经济学，日本金融市场给予热烈回应。

日经股指从安倍晋三就职当天的10230点开始一路上涨，2018年（平成30年）10月升至24270点，达到二十七年来的高点。随着日本股票等资产价格不断上涨，持有金融产品的相对富裕家庭的金融资产跟着增加，2013年以来金融资产超过1亿日元的家庭一直在增加。2020年（令和[①]2年）12月，日本野村综合研究所报告称，日本富

[①] 令和：2019年5月1日，日本平成天皇宣布退位，德仁皇子继位，改年号"令和"，寓意"美丽、和谐"。

裕家庭为132.7万户，与前一次2017年（平成29年）的调查相比增加6万户，富裕家庭保有的金融资产总额约为333万亿日元，与2017年的调查相比增加11.1%，与2009年（平成21年）相比增加约2.8倍。

日本房地产调查公司东京鉴定的报告显示，与2012年房价水平相比，东京都2018年（平成30年）新房均价上涨了33%，连续七年上升。

在安倍经济学政策的鼓励下，日本女性参与就业率大幅增加，加之推迟老年人退休年龄等措施，日本的失业率持续下降至接近2%的水平。

但是，安倍经济学也让一些经济学家担心，主要是担心日本经济会在安倍经济学的刺激下，出现通货膨胀严重的问题。而事实是，经济学家们想多了。

尽管安倍经济学让企业利润有所增长，但是企业并未按安倍晋三的要求给员工提高工资。安倍晋三希望工人收入提高后促进日本国内消费增长，以支持其帮助日本经济走出通缩、达到2%的通胀目标。但是响应的企业寥寥无几，虽然有丰田、罗森这种企业给员工涨了工资，但是多数公司都没有反应。

2012年12月，日本人的平均月薪是26.2299万日元，到了2018年12月则为26.5171万日元。加上日本人口老龄化问题始终没有得到有效解决，最终导致消费意愿小、国内需求严重不足等现象，使得日本实体经济的发展依然缓慢，2%的通胀目标一直无法达到，经济增幅也始终在1%上下波动。

在提振经济的同时，安倍晋三也在不停歇地推进他的民族主义议程。

2013年12月，安倍晋三参拜靖国神社。这是继小泉纯一郎之后首位参拜靖国神社的在任首相，表明日本政治右倾化持续发展。关于历史问题，安倍晋三极少去反思，他只关心如何让日本摆脱对战争的负罪感，成为一个正常化的国家。为此，安倍晋三着手再构国家安全保障，谋求日本军事能力提升和安全政策的转变，实现他的"强军梦"。同月，安倍内阁出台了日本历史上首份《国家安全保障战略》和新版《防卫计划大纲》作为日本防卫政策和外交政策的指导性文件。

2014年（平成26年）6月，参议院全体会议通过了《国民投票法》修正案，将国民投票年龄从20岁降低到18岁，因为有民调显示，年轻人对修宪的抗拒感更弱。这是安倍晋三继续为修改宪法所做的努力。安倍晋三将修宪称为自己的"历史使命"，一直把修宪作为重要政治议题加以推进，给出了修宪的具体构想，宣称要新增关于自卫队的内容。但是，每年日本各种民意调查都显示，反对修改宪法人数超过50%。除了民意之外，阻碍安倍晋三修宪梦想的还有党内反对势力以及在野党的强烈抵制，因此，修宪问题一直无法正式进入国会的政治议程。

修宪无法一蹴而就，安倍晋三就采取迂回战略，先修改相关的安保法律。

2015年（平成27年）7月，日本参议院不顾日本民众的强烈反对，强行通过安倍内阁提交的"新安保法案"。此法案意味着即使日本没有直接受到攻击，仅仅是"威胁"，也可以对他国行使武力；日本政府在获得国会批准的情况下，随时可以向海外派遣自卫队，支持外国军队。日本防卫大臣中谷元表示，"应美国要求"在新安保法中加入了"向他国军队提供后方支援的部分加入提供弹药"的内容。

新安保法案不仅违反了日本"和平宪法"第九条中有关和平主义、不行使武力的内容，让第九条不允许行使的集体自卫权得到解禁，也让安倍内阁在扩充军备的路上一往无前。

2013年，安倍晋三赴美访问时宣称，日本永远不会甘做"二流国家"。

同年，安倍晋三在共同社加盟社编辑局长会议的联谊会上强调："今后将对世界和平与稳定进一步负起责任。积极的和平主义才是21世纪日本的招牌。"

为了让"积极和平主义"论调合理化，安倍晋三极力渲染东亚安全之变，目的实际是遮掩其搞扩军备战的图谋。他派自民党众议院外务委员长河井克行递交至北约秘书长拉斯姆森的亲笔信中，称"中国进一步积极扩展海洋影响力以及朝鲜的动向，导致东亚安全形势日益严峻"。

从2013年开始，日本年度防卫预算为46804亿日元，比2012年度增加了351亿日元。此后，连年增加。2016年（平成28年）日本防卫费较2015年增加740亿日元至50541亿日元，2020年防卫预算达到53200亿日元。

2015年3月，日本海上自卫队最大型军舰"出云号"正式服役。正如英国《金融时报》东京分社社长戴维·皮林所说："安倍开始频繁以挑衅的姿态出现在武器装备上"。

2018年（平成30年），安倍内阁以防"西南诸岛有事"为契机，组建了水陆机动团，同时，投入巨资用于购买改良型03式中程地对空导弹，计划将于2021年3月前在冲绳本岛完成部署。

2019年（令和元年）8月，日本防卫省又决定购买四十二架美制F-35B战斗机，以增强日本在其南部岛屿的空中能力。

安倍晋三逐步在落实自卫队扩张的构思，努力让日本成为一个"正常国家"。

这一切都离不开对美国的依赖。特别是中国在钓鱼岛问题上的坚定态度让安倍晋三感到，日本除了加强与美国的同盟关系之外别无选择。因为根据《日美相互合作及安全保障条约》，一旦日本遭遇攻击，美国就要帮助日本。为此，安倍晋三表示："任何国家都不应该怀疑日本的决心，也不能质疑美日同盟的坚固性。"

为了加固美日同盟关系，安倍内阁组建之初就宣布加入美国主导的"跨太平洋伙伴关系协定"（TPP）[1]。TPP被称为美国重返亚太、牵制中国的一个新武器。奥巴马曾经公开表示：美国不允许中国等国家来书写全球经济的规则。日本积极追随美国加入TPP，不仅

---

[1] TPP前身是"跨太平洋战略经济伙伴关系协定"，后者为2005年由新西兰、新加坡、智利、文莱四国发起建立的相互关税减免协议组织。协议采取开放的态度，欢迎任何APEC成员参与，非APEC成员也可以参与。成员国之间不仅互免关税协议，还包含了知识产权、环境保护、劳工权利、企业平等、金融监管、互联网自由等制度性内容，且执行严格。协议规定，TPP成员国如果违反规则，会员资格将自动失效。2008年美国加入后开始主导此协议，2012年墨西哥和加拿大加入，2013年3月日本宣布开展加入谈判后，TPP已有十二个成员国。

是为了稳固美日同盟的关系，也希望借助TPP的力量提升日本企业劳动生产率，帮助日本与中国进行产业对抗。

让安倍晋三没想到的是，国际政治风云变幻莫测。2016年，美国总统特朗普上台后，美日关系发生了变化。

特朗普本着一切都以美国利益优先的策略，退出TPP、退出《巴黎协定》，在欧美间、在TPP的十二个成员国间造成分化。同时，在特朗普看来，对美存在巨额贸易顺差的中日两国是抢走美国人就业岗位的"罪魁祸首"，不仅赤裸裸地针对中国大搞贸易战，也开始收回美国给日本的好处。特朗普直接向安倍晋三提出增加负担美军经费的要求，还敦促日本尽快按照美国的意愿就日美贸易谈判达成一致。

特朗普甚至被指私下表示要退出美日安保条约，以此逼迫日本在贸易谈判中让步。

虽然在国家安全和政治方面，日本以美国为重心，但涉及经济贸易的现实利益时，安倍晋三则很难让步。

与之相反，在政治上、在涉及领土问题时，安倍晋三对中国摆出强硬态度，但是涉及经济利益时，安倍晋三对中国的态度就表现得有了些许热度。

安倍晋三很清楚，中国是日本最大的贸易伙伴，日本企业在华机构超过了三万家，中国又是日本"观光立国"战略中最大的游客来源国。中国和日本，是世界第二、第三大经济体，在全球经济深陷衰退之际，中国经济又保持逆势正增长，中日关系正常对日本是完全有利的。所以，在参议院全体会议上，安倍晋三就中日关系发表声明称:"已决心扩大所有层面的交流,把中日关系推上新阶段,开创中日新时代。"努力将因钓鱼岛问题而陷入低谷的中日关系拉回到正轨。

2017年(平成29年),安倍晋三在给中国国家主席习近平的亲笔信中表示,希望两国构筑稳定的友好关系;希望保持对话,在合适的时机实现互访。

2018年,安倍晋三访华时,中日央行签署了双边本币互换协议。在与中国国家主席习近平会见时还表示,"一带一路"是有潜力的构想,日方愿同中方在广泛领域加强合作。

2019年10月,中国海军"太原"号导弹驱逐舰抵达日本神奈川县横须贺新港商业码头,将参加由日本海上自卫队主办的国际舰队阅舰式活动。这是中国海军舰艇时隔十年再次访日,也是中国海军舰艇首次参加这一活动。这对两国的防务交流来说意义重大。

意外的是,2020年新型冠状病毒袭击全球。

受疫情影响,日本二季度经济创纪录下滑27.8%,这已是连续三个季度下降。

原计划8月在东京举行的奥运会也被迫推迟到2021年,据推测,日本因此间接经济损失将达750亿美元,占日本全年GDP的1.4%。同时,延期也可能给日本GDP带来0.7%~1.4%的负增长。在经历长期缓慢的复苏后,此时的安倍经济学实际已成强弩之末。

就在日本需要首相安倍晋三力挽狂澜之时,2020年(令和2年)8月28日,安倍晋三突然宣布因溃疡性大肠炎复发,决定辞职。

安倍晋三第二次执政以来,已连续八年担任日本首相,是日本连续执政时间最长的首相。虽然安倍晋三也数次传出以权谋私的丑闻，但并未动摇其统治。安倍晋三已经实现了自民党一党独大、政权稳定的格局。安倍晋三突然宣布辞职，东京股市市场出现大量抛售，日经225指数一度跌超700点，跌幅超过2.6%。

9月16日，日本召开临时国会，进行了首相指名选举。71岁的自民党总裁菅义伟当选日本第九十九任首相。安倍时代正式宣告结束。

附录一 日本历史年表

\multicolumn{2}{c}{史前文明和奴隶社会（史前—公元3世纪末）}
大事件	●10万至1万年前（旧石器时代）——日本列岛有人类居住，打制石器
	●1万年前至公元前3世纪（新石器时代、绳文文化时代）——出现石器工具、陶器；母系氏族公社，以狩猎、捕鱼为主，出现原始农业
	●公元前3世纪到公元3世纪末（弥生文化）——公元57年，倭奴国王遣使至中国东汉首都洛阳朝贡；公元239年，邪马台国女王遣使于中国三国时期的魏国
\multicolumn{2}{c}{天皇制下律令国家（公元3世纪末—7世纪末）}
大事件	●约300年左右——畿内出现大和国家 ●391年——倭王开始陆续派兵入侵朝鲜 ●552年——佛教由朝鲜传入日本 ●562年——大和国在朝鲜半岛的据点任那被新罗灭掉 ●593年——圣德太子摄政 ●607年——派遣小野妹子出使中国隋朝 ●631年——第一次向中国派遣唐使 ●646年——大化改新，颁布《改新之诏》 ●663年——白村江海战兵败 ●702年（大宝二年）——颁布施行《大宝律令》 ●710年（和铜三年）——迁都平城京（奈良） ●754年（天平胜宝六年）——鉴真抵达日本 ●794年（延历十三年）——迁都平安京

续表

	武家政治盟兴（8世纪初—1185年）
大事件	●866年（贞观八年）——藤原氏开非皇族摄政先例 ●894年（宽平六年）——停止遣唐使 ●1018年（宽仁二年）——藤原道长摄政鼎盛时期 ●1086年（应德三年）——白河天皇开启院政时代 ●1156年（保元元年）——保元之乱 ●1159年（平治元年）——平治之乱 ●1180年（治承四年）——源赖朝举兵
	武士的历史舞台（1185—1869年）
大事件	●1192年（建久三年）——源赖朝任征夷大将军；镰仓幕府正式成立 ●1221年（承久三年）——承久之乱 ●1274年（文永十一年）——文永之役 ●1281年（弘安四年）——弘安之役 ●1324年（正中元年）——正中之变 ●1331年（元弘元年）——元弘之变 ●1333年（元弘三年）——镰仓幕府灭亡 ●1336年（延元元年）——南北朝开始 ●1338年（历应元年）——足利尊氏在京都建立室町幕府 ●1392年（明德三年）——南北朝统一 ●1399年（应永六年）——应永之乱 ●1404年（应永十一年）——与中国明朝签订《永乐勘合贸易条约》 ●1467年（应仁元年）——应仁之乱 ●1543年（天文十二年）——葡萄牙人到种子岛，传入火枪 ●1568年（永禄十一年）——织田信长攻占京都 ●1573年（元龟四年）——室町幕府灭亡 ●1576年（天正四年）——织田信长修筑安土城 ●1582年（天正十年）——本能寺之变，织田信长死 ●1583年（天正十一年）——羽柴秀吉筑大阪城 ●1587年（天正十五年）——禁天主教 ●1590年（天正十八年）——丰臣秀吉统一日本 ●1592年（文禄元年）——丰臣秀吉侵略朝鲜，文禄之役 ●1598年（庆长三年）——丰臣秀吉去世，从朝鲜撤兵 ●1600年（庆长五年）——关原之战 ●1603年（庆长八年）——德川幕府建立 ●1612年（庆长十七年）——颁布《禁教令》

续表

	● 1633年（宽永十年）——第一次锁国令 ● 1637年（宽永十四年）——岛原之乱 ● 1639年（宽永十六年）——最后一次锁国令 ● 1716年（享保元年）——享保改革 ● 1720年（享保五年）——颁布《洋书解禁令》 ● 1732年（享保十七年）——享保饥馑大灾荒 ● 1774年（安永三年）——前野良泽、杉田玄白翻译的《解体新书》出版 ● 1789年（宽政元年）——宽政改革 ● 1808年（文化五年）——英国军舰"费顿"号追逐荷兰船突袭长崎 ● 1837年（天保八年）——大盐平八郎起义 ● 1841年（天保十二年）——天保改革 ● 1853年（嘉永六年）——美国东印度舰队司令佩里舰队到浦贺 ● 1854年（安政元年）——佩里再率7舰船到神奈川，与日本签订《日美亲善条约》 ● 1855年（安政二年）——设立洋学所 ● 1858年（安政五年）——与美国签订《日美修好通商条约》；"安政大狱"事件 ● 1860年（万延元年）——"安政大狱"制造者井伊直弼被杀 ● 1862年（文久二年）——萨摩藩武士杀死英国商人制造"生麦事件" ● 1863年（文久三年）——英国舰队炮击萨摩藩 ● 1864年（元治元年）——英、美、法、荷四国联合舰队炮击下关 ● 1867年（庆应三年）——颁布《王政复古大号令》，掀起倒幕运动高潮 ● 1868年（明治元年）——颁布《政体书》；江户改名为"东京"；改年号为"明治"；天皇及明治政府机构从京都迁至东京
	百年维新成就军国主义（1869—1945年）
大事件	● 1869年（明治二年）——戊辰战争结束；各藩"奉还版籍"，将领地和藩民的统治权上交中央政府 ● 1871年（明治四年）——废藩置县；岩仓使团赴欧美考察；缔结《日清修好条约》 ● 1872年（明治五年）——废神祇省，设教部省，颁布学制；改用太阳历；日本第一条铁路（连接东京的新桥和横滨港）开通；公布《国立银行条例》 ● 1873年（明治6年）——颁布《地税改革条例》；颁布《征兵令》；发生"明治6年政变" ● 1874年（明治7年）——日军侵略中国台湾；与清政府签署《北京专约》

续表

大事件	• 1875年（明治8年）——江华岛事件 • 1876年（明治9年）——《日朝修好条约》 • 1877年（明治10年）——西南战争爆发，西乡隆盛兵败自杀 • 1879年（明治12年）——废除琉球藩，设冲绳县 • 1882年（明治15年）——颁布《军人敕谕》 • 1885年（明治18年）——签订《汉城条约》；与清政府签订《天津条约》；福泽谕吉发表《脱亚论》；废除太政官制度，创立内阁制度 • 1889年（明治22年）——颁布《大日本帝国宪法》 • 1890年（明治23年）——第一次众议院议员选举；颁布《教育敕语》；第一届国会议会召开 • 1894年（明治27年）——中日甲午战争开始，日军侵占中国旅顺口；缔结《日英通商友好航海条约》 • 1895年（明治28年）——与中国清朝政府签订《马关条约》，德、俄、法三国干涉还辽 • 1896年（明治29年）——日军镇压中国台湾人民抗日斗争 • 1898年（明治31年）——宪政党成立 • 1902年（明治35年）——日英同盟协约在伦敦签订 • 1904年（明治37年）——日俄战争爆发 • 1905年（明治38年）——日俄签订《朴次茅斯和约》；与中国清朝政府签订《中日会议东三省事宜条约》；"日比谷烧打"事件 • 1909年（明治42年）——伊藤博文在中国哈尔滨火车站被朝鲜爱国者枪杀身亡 • 1910年（明治43年）——第二次日俄协定签订；签订日本吞并朝鲜的《日韩合并条约》 • 1912年（大正元年）——明治天皇去世，改元大正 • 1914年（大正3年）——参加第一次世界大战；日军占领中国青岛 • 1915年（大正4年）——向中国北洋军阀政府提出"二十一条"要求 • 1918年（大正7年）——出兵西伯利亚；米骚动爆发；原敬内阁成立 • 1920年（大正9年）——日本第一次五一劳动节 • 1921年（大正10年）——原敬首相被刺身亡 • 1922年（大正11年）——日军撤出西伯利亚 • 1923年（大正12年）——关东大地震 • 1926年（昭和元年）——大正天皇去世，裕仁即位，改元昭和 • 1927年（昭和2年）——田中义一内阁成立；召开东方会议；第一次出兵中国山东 • 1928年（昭和3年）——第二次、第三次出兵中国山东；皇姑屯事件 • 1930年（昭和5年）——滨口雄幸首相遇刺

续表

大事件	• 1931年（昭和6年）——"九一八事变" • 1932年（昭和7年）——"一·二八事变"；犬养首相被枪杀；伪满洲国建立 • 1933年（昭和8年）——退出国际联盟；日军侵入中国华北；中日签订《塘沽停战协定》 • 1936年（昭和11年）——签订《日德防共协定》《日意协定》 • 1937年（昭和12年）——"七七事变"；制造南京大屠杀惨案 • 1940年（昭和15年）——签订日德意三国同盟；大政翼赞会成立 • 1941年（昭和16年）——签订《日苏中立条约》；日军侵入印度支那南部，签订《法日共同防卫印支协定》；东条英机内阁成立；珍珠港事件，太平洋战争爆发 • 1942年（昭和17年）——签订日德新军事协定；日军侵占新加坡，登陆印尼爪哇岛 • 1943年（昭和18年）——日军从瓜达尔卡纳尔岛撤退；御前会议决定《大东亚政略指导大纲》 • 1944年（昭和19年）——马里亚纳海战 • 1945年（昭和20年）——美军占领硫磺岛；铃木贯太郎内阁成立；美军分别在广岛、长崎投下原子弹；天皇宣读《停战诏书》；日本签署投降书
	战后日本——废墟中崛起，努力"国家正常化"（1945—2020年）
大事件	• 1945年（昭和20年）——麦克阿瑟任占领军总司令；解散财阀；币原喜重郎继任首相；自由党成立 • 1946年（昭和21年）——发布《人间宣言》，天皇承认没有"神性"；远东国际军事法庭在东京开庭，控告东条英机等被告犯有反和平罪、战争罪、反人道罪等罪行；吉田茂任首相；发布新宪法《日本国宪法》；吉田茂内阁成立 • 1947年（昭和22年）——日本民主党成立；成立最高法院；片山内阁成立 • 1948年（昭和23年）——远东国际军事法庭判处甲级战犯东条英机等7人绞刑、木户幸一等16人无期徒刑；在美国庇护下，岸信介等19名甲级战犯嫌疑犯被释放；吉田内阁成立；经济安定九原则 • 1949年（昭和24年）——日韩签订通商协定；汤川秀树获诺贝尔物理学奖 • 1950年（昭和25年）——自由党成立；创建警察预备队、扩充海上警备队；日中友好协会成立；日本停止对中国的贸易；吉田内阁重组

大事件	• 1951年（昭和26年）——缔结《旧金山和平条约》；日美两国签订《日美安全保障条约》 • 1952年（昭和27年）——签署《日美行政协定》；驻日盟军总部批准日本政府制造武器；琉球中央政府成立；与印度签订和平条约；远东委员会、对日理事会和驻日盟军总部（GHQ）撤销；正式加入国际货币基金组织（IMF）和世界银行；警察预备队改编为保安队，并新设置了海上警备队；通过《航空特例法》 • 1953年（昭和28年）——日本与台湾当局签订通商协定 • 1954年（昭和29年）——加入国际法院；民主党成立；鸠山内阁成立 • 1955年（昭和30年）——自由民主党成立；第一届禁止原子弹氢弹世界大会在广岛召开；三菱重工业公司制造的战后日本第一艘军舰下水 • 1956年（昭和31年）——与菲律宾在赔偿协定上签字；日苏两国恢复外交关系；日本加入联合国；石桥湛山内阁成立 • 1957年（昭和32年）——日本第一枚火箭发射成功；岸信介内阁成立；当选联合国非常任理事国 • 1958年（昭和33年）——与印度尼西亚签订和平条约和赔偿协定 • 1960年（昭和35年）——日美签订《日美相互合作及安全保障条约》；池田勇人内阁成立 • 1961年（昭和36年）——制定《农业基本法》；众议院通过《禁止核试验决议》 • 1962年——（昭和37年）日中签订《中日综合贸易备忘录》；防卫厅进口由美国提供的92枚奈克式地对空导弹；东京人口突破1000万 • 1963年（昭和38年）——制定《中小企业基本法》；防卫厅在新岛进行空对空火箭发射试验 • 1964年（昭和39年）——东京至大阪的铁路新干线建成；东京举办奥林匹克运动会；日本加入了经济合作与发展组织（OECD）；佐藤内阁成立 • 1965年（昭和40年）——签署《日韩基本关系条约》 • 1966年（昭和41年）——确定2月11日为日本建国纪念日 • 1967年（昭和42年）——制定《公害对策基本法》；佐藤首相出访中国台湾 • 1968年（昭和43年）——日本签订归还小笠原群岛协定；国民生产总值超过联邦德国，为西方世界第二位 • 1969年（昭和44年）——颁布《北方领土问题对策协会法》 • 1970年（昭和45年）——促进恢复日中邦交议员联盟成立；日本在世界国民生产总值和世界贸易中的比重均为6%左右

续表

大事件	• 1971年（昭和46年）——设立环境厅；日美首次联合军事演习；天皇、皇后出访欧洲7国；日中恢复邦交国民会议成立 • 1972年（昭和47年）——与田中角荣内阁成立；田中角荣访问中国，中日邦交正常化，日本政府同台湾当局断绝外交关系 • 1973年（昭和48年）——日本驻华使馆开馆；中国驻日使馆开馆；中日签署铺设海底电缆建设协议；日本同德意志民主共和国建立外交关系；日本同越南民主共和国建立外交关系 • 1974年（昭和49年）——日韩签署《共同开发大陆架协定》，中国外交部发言人指出，该协定严重侵犯了中国主权；日中签署《中日航空协议》；日苏签订《合作开发西伯利亚备忘录》；三木武夫内阁成立 • 1975年（昭和50年）——三木首相以私人身份参拜靖国神社；日本参加了由法国倡议召开的6国首脑会议 • 1976年（昭和51年）——日本战后最大的受贿案"洛克希德事件"被揭露；福田赳夫内阁成立 • 1977年（昭和52年）——自民党成立日中和平友好条约促进协议会 • 1978年（昭和53年）——中国国务院副总理邓小平赴日参加《中日和平友好条约》缔约换文仪式，并对日本进行首次正式访问；大平正芳内阁成立 • 1979年（昭和54年）——中国国务院副总理邓小平从美国访问回国，顺访日本 • 1980年（昭和55年）——日本第一次派海上自卫队参加环太平洋联合演习；签订《中日科技合作协定》；铃木善幸内阁成立 • 1982年（昭和57年）——中国政府就日本文部省审定篡改军国主义侵华历史的教科书，向日本提出强烈抗议；中曾根康弘内阁成立 • 1983年（昭和58年）——中曾根康弘及内阁成员参拜靖国神社；美国总统里根访问日本；中共中央总书记胡耀邦访问日本 • 1984年（昭和59年）——中曾根康弘首相以公职身份参拜靖国神社；日美达成关于开放日本金融市场和日元国际化协议；日中友好21世纪委员会宣布成立；签订《日苏海洋渔业协定》 • 1985年（昭和60年）——中曾根康弘首相以公职身份参拜靖国神社；日本与美国、德国、法国、英国签订《广场协议》；颁布《男女雇佣平等法》 • 1986年（昭和61年）——日美在北海道举行陆海空三军联合军事演习；撤销防卫费不突破国民生产总值1%的限额 • 1987年（昭和62年）——决定参加美国的"星球大战"计划；竹下登内阁成立；国铁分割民营化

续表

大事件	• 1988年（昭和63年）——国土厅长官奥野诚亮以公职身份参拜靖国神社，并声称"日本一直不是侵略国家"；"利库路特事件"被披露 • 1989年（平成元年）——裕仁天皇去世，明仁皇太子继位，改年号"平成"；中国国务院总理李鹏访问日本；海部俊树内阁成立 • 1991年（平成3年）——日本决定向海湾地区派遣海上自卫队；《消费税法修正案》成立；宫泽内阁成立；"东京佐川快递事件"被披露 • 1992年（平成4年）——中国国家主席江泽民访问日本；日本新党成立；《联合国维持和平行动合作法案》（简称《国际和平合作法》）成立，日本自卫队向海外派兵合法化 • 1993年（平成5年）——先驱新党成立；新生党成立；细川护熙联合内阁成立 • 1994年（平成6年）——村山富市为首相，由自民党、社会党和先驱新党组成新的联合政府内阁 • 1995年（平成7年）——阪神大地震；奥姆真理教事件；冲绳美军强奸日本女小学生事件；政府提出新《防卫计划大纲》 • 1996年（平成8年）——由自民党、社会党和先驱新党组成的桥本龙太郎内阁成立；东京三菱银行成立；签署《日美安全保障联合宣言》；桥本首相参拜靖国神社；揭露日军南京大屠杀的《拉贝日记》在美国纽约公之于世 • 1998年（平成10年）——小渊惠三内阁成立；中国国家主席江泽民访问日本；小渊惠三访俄 • 1999年（平成11年）——通过《新日美防卫合作指针》的三个相关法案，即《自卫队法修改案》《周边事态法》《日美相互提供物品与劳务协定修改案》；《国旗国歌法》通过，"日之丸"定为国旗，《君之代》定为国歌 • 2000年（平成12年）——森喜朗内阁成立；中国国务院总理朱镕基访问日本；通过《建立高速信息通信网络社会基本法》 • 2001年（平成13年）——小泉纯一郎内阁成立；通过《反恐特别措施法》；小泉纯一郎以公职身份参拜靖国神社；皇太子妃雅子生下公主"爱子"，称号为"敬宫" • 2002年（平成14年）——日韩政府成立"历史共同研究委员会"；小泉纯一郎首相参拜靖国神社；通过《京都议定书》；小泉首相访问朝鲜，双方签署《朝日平壤宣言》；小柴昌俊获诺贝尔物理奖，田中耕一获诺贝尔化学奖；日本政府派遣海上自卫队"宙斯盾"舰赴印度洋支援美军

续表

| 大事件 | ●2003年（平成15年）——首次成功发射一组两颗间谍卫星；日中两国政府签署"中日无偿资金换文"；东京的右翼团体"日本青年社"的9名成员再次登上中国固有领土钓鱼岛；东京地方法院作出判决，日本向受侵华日军遗留化学武器伤害的原告中国公民13人赔偿1.9亿日元
●2004年（平成16年）——小泉首相第四次参拜靖国神社，并表示今后还将继续参拜靖国神社；日本警方无理由扣留中国7名登上钓鱼岛的保钓人士；国会又通过了《自卫队修改法案》《支援美军行动措施法案》等七项"紧急事态基本法案"
●2006年（平成18年）——安倍晋三内阁成立；颁布《国民投票法》；颁布实施新的《教育基本法》；内阁大臣屡爆政治献金丑闻
●2007年（平成19年）——日本首相安倍晋三访问印度时首次提出"印太战略"；福田康夫内阁成立；发布《21世纪环境立国战略》；中国国务院总理温家宝访问日本；福田康夫首相访问中国
●2008年（平成20年）——麻生太郎内阁成立；制定《宇宙基本法》；中国国家主席胡锦涛访问日本
●2009年（平成21年）——鸠山由纪夫内阁成立；中国国家主席习近平访问日本；对中国游客开放访日自由行
●2010年（平成22年）——菅直人内阁成立；丰田召回事件；日本在中国固有领土钓鱼岛海域抓扣中国渔船船长；俄罗斯总统梅德韦杰夫登上南千岛群岛（日本称北方四岛）进行视察
●2011年（平成23年）——日本东北部海域发生9.0级特大地震；福岛第一核电站发生核泄漏事故；野田佳彦内阁成立
●2012年（平成24年）——日本签署所谓"购岛"合同，中国政府严正声明此作为非法无效；安倍晋三内阁成立
●2013年（平成25年）——安倍晋三参拜靖国神社；出台《国家安全保障战略》和新版《防卫计划大纲》；日本与中国台湾签署《渔业协议》以及《电子商务合作协议》《金融监理合作备忘录》等6项协议和备忘录；东京申办2020年奥运会获得通过
●2014年（平成26年）——日本内阁会议决定修改宪法，解禁集体自卫权；赤崎勇、天野浩、中村修二获得诺贝尔物理学奖
●2015年（平成27年）——日本参议院审议通过新安保法案；日本鹿儿岛地区的樱岛火山在127天内发生500次火山喷发；IS发布杀害日本人质视频；大村智获诺贝尔医学及生理学奖，梶田隆章获诺贝尔物理学奖；海上自卫队最大舰艇"出云号"正式服役
●2016年（平成28年）——安倍政府搅局中国南海问题；加强与中国台湾地区新领导人蔡英文之间的关系 |

续表

| 大事件 | • 2017年（平成29年）——日本政府就朝鲜进行弹道导弹试验且其中三枚坠落在日本专属经济区内向朝鲜提出严正抗议；日本海上自卫队准航母"出云"在千叶房总半岛海域与美国海军补给舰会合，首次执行为美军舰船护卫任务；第六次中日财长对话在日本横滨举行
• 2018年（平成30年）——修订版《出入境管理法》出台；政府宣布退出国际捕鲸委员会（IWC）；中国国务院总理李克强访问日本；首相安倍晋三访问中国；中日央行签署了双边本币互换协议
• 2019年（令和元年）——平成天皇退位，德仁皇子继位，改年号"令和"；中国海军"太原号"导弹驱逐舰抵达日本神奈川县横须贺新港商业码头；震惊动漫界的"京阿尼放火杀人"事件；日美签署贸易协定；吉野彰获得诺贝尔化学奖
• 2020年（令和2年）——东京奥运会延期一年举办；签署《英日全面经济伙伴关系协定》；菅义伟内阁成立；日本与中国、韩国等15国正式签署《区域全面经济伙伴关系协定》（RCEP） |

附录二 日本历任首相

届	姓名	在任时间	所属政党
1	伊藤博文	1885年12月—1888年4月	
2	黑田清隆	1888年4月—1889年10月	
	三条实美 （临时兼任首相职务）	1889年10月—12月	政府内大臣
3	山县有朋	1889年12月—1891年5月	陆军军人
4	松方正义	1891年5月—1892年8月	
5	伊藤博文 （第二次担任首相）	1892年8月—1896年8月	
	黑田清隆 （临时兼任首相职务）	1896年8月—1896年9月	枢密院议长
6	松方正义 （第二次担任首相）	1896年9月—1898年1月	
7	伊藤博文 （第三次担任首相）	1898年1月—6月	
8	大隈重信	1898年6月—11月	宪政党
9	山县有朋 （第二次担任首相）	1898年11月—1900年10月	
10	伊藤博文 （第四次担任首相）	1900年10月—1901年5月	立宪政友会
	西园寺公望 （临时兼任首相职务）	1901年5月—6月	立宪政友会
11	桂太郎	1901年6月—1906年1月	陆军军人

续表

12	西园寺公望	1906年1月—1908年7月	立宪政友会
13	桂太郎 （第二次担任首相）	1908年7月—1911年8月	陆军军人
14	西园寺公望 （第二次担任首相）	1911年8月—1912年12月	立宪政友会
15	桂太郎 （第三次担任首相）	1912年12月—1913年2月	陆军军人
16	山本权兵卫	1913年2月—1914年4月	海军军人
17	大隈重信 （第二次担任首相）	1914年4月—1916年10月	立宪同志会
18	寺内正毅	1916年10月—1918年9月	陆军军人
19	原敬	1918年9月—1921年11月	立宪政友会
	内田康哉 （临时兼任首相职务）	1921年11月	立宪政友会
20	高桥是清	1921年11月—1922年6月	立宪政友会
21	加藤友三郎	1922年6月—1923年8月	海军军人
	内田康哉 （临时兼任首相职务）	1923年8月—9月	立宪政友会
22	山本权兵卫 （第二次担任首相）	1923年9月—1924年1月	海军军人
23	清浦奎吾	1924年1月—1924年6月	贵族院议员
24	加藤高明	1924年6月—1926年1月	宪政会
	若槻礼次郎 （临时兼任首相职务）	1926年1月	宪政会
25	若槻礼次郎	1926年1月—1927年4月	宪政会
26	田中义一	1927年4月—1929年7月	立宪政友会 陆军军人
27	滨口雄幸	1929年7月—1931年4月	立宪民政党
28	若槻礼次郎 （第二次担任首相）	1931年4月—12月	立宪民政党

续表

29	犬养毅	1931年12月—1932年5月	立宪政友会
	高桥是清 （临时兼任首相职务）	1932年5月	立宪政友会
30	斋藤实	1932年5月—1934年7月	海军军人
31	冈田启介	1934年7月—1936年3月	海军军人
32	广田弘毅	1936年3月—1937年2月	外交官
33	林铣十郎	1937年2月—6月	陆军军人
34	近卫文麿	1937年6月—1939年1月	贵族院议长
35	平沼骐一郎	1939年1月—8月	枢密院议长
36	阿部信行	1939年8月—1940年1月	陆军军人
37	米内光政	1940年1月—7月	海军军人
38	近卫文麿 （第二次担任首相）	1940年7月—1941年7月	大政翼赞会
39	近卫文麿 （第三次担任首相）	1941年7月—10月	大政翼赞会
40	东条英机	1941年10月—1944年7月	陆军军人
41	小矶国昭	1944年7月—1945年4月	陆军军人
42	铃木贯太郎	1945年4月—8月	枢密院议长 海军军人
43	东久迩宫稔彦王	1945年8月—10月	皇族 陆军军人
44	币原喜重郎	1945年10月—1946年5月	贵族院议员 外务官员
45	吉田茂	1946年5月—1947年5月	贵族院议员 外务官员
46	片山哲	1947年5月—1948年3月	社会党
47	芦田均	1948年3月—10月	日本民主党
48	吉田茂 （第二次担任首相）	1948年10月—1949年2月	民主自由党

续表

49	吉田茂 （第三次担任首相）	1949年2月—1952年10月	自由党
50	吉田茂 （第四次担任首相）	1952年10月—1953年5月	自由党
51	吉田茂 （第五次担任首相）	1953年5月—1954年12月	自由党
52	鸠山一郎	1954年12月—1955年3月	日本民主党
53	鸠山一郎 （第二次担任首相）	1955年3月—11月	日本民主党
54	鸠山一郎 （第三次担任首相）	1955年11月—1956年12月	自由民主党
55	石桥湛山	1956年12月—1957年2月	自由民主党
56	岸信介	1957年2月—1958年6月	自由民主党
57	岸信介 （第二次担任首相）	1958年6月—1960年7月	自由民主党
58	池田勇人	1960年7月—12月	自由民主党
59	池田勇人 （第二次担任首相）	1960年12月—1963年12月	自由民主党
60	池田勇人 （第三次担任首相）	1963年12月—1964年11月	自由民主党
61	佐藤荣作	1964年11月—1967年2月	自由民主党
62	佐藤荣作 （第二次担任首相）	1967年2月—1970年1月	自由民主党
63	佐藤荣作 （第三次担任首相）	1970年1月—1972年7月	自由民主党
64	田中角荣	1972年7月—12月	自由民主党
65	田中角荣 （第二次担任首相）	1972年12月—1974年12月	自由民主党
66	三木武夫	1974年12月—1976年12月	自由民主党
67	福田赳夫	1976年12月—1978年12月	自由民主党

续表

68	大平正芳	1978年12月—1979年11月	自由民主党
69	大平正芳 (第二次担任首相)	1979年11月—1980年6月	自由民主党
	伊东正义 (临时兼任首相职务)	1980年6月—7月	自由民主党
70	铃木善幸	1980年7月—1982年11月	自由民主党
71	中曾根康弘	1982年11月—1983年12月	自由民主党
72	中曾根康弘 (第二次担任首相)	1983年12月—1986年7月	自由民主党
73	中曾根康弘 (第三次担任首相)	1986年7月—1987年11月	自由民主党
74	竹下登	1987年11月—1989年6月	自由民主党
75	宇野宗佑	1989年6月—8月	自由民主党
76	海部俊树	1989年8月—1990年2月	自由民主党
77	海部俊树 (第二次担任首相)	1990年2月—1991年11月	自由民主党
78	宫泽喜一	1991年11月—1993年8月	自由民主党
79	细川护熙	1993年8月—1994年4月	自由民主党
80	羽田孜	1994年4月—6月	新生党
81	村山富市	1994年6月—1996年1月	日本社会党
82	桥本龙太郎	1996年1月—11月	自由民主党
83	桥本龙太郎 (第二次担任首相)	1996年11月—1998年7月	自由民主党
84	小渊惠三	1998年7月—2000年4月	自由民主党
85	森喜朗	2000年4月—7月	自由民主党
86	森喜朗 (第二次担任首相)	2000年7月—2001年4月	自由民主党
87	小泉纯一郎	2001年4月—2003年11月	自由民主党

续表

88	小泉纯一郎 （第二次担任首相）	2003年11月—2005年9月	自由民主党
89	小泉纯一郎 （第三次担任首相）	2005年9月—2006年9月	自由民主党
90	安倍晋三	2006年9月—2007年9月	自由民主党
91	福田康夫	2007年9月—2008年9月	自由民主党
92	麻生太郎	2008年9月—2009年9月	自由民主党
93	鸠山由纪夫	2009年9月—2010年6月	民主党
94	菅直人	2010年6月—2011年8月	民主党
95	野田佳彦	2011年9月—2012年12月	民主党
96	安倍晋三 （第二次担任首相）	2012年12月—2014年12月	自由民主党
97	安倍晋三 （第三次担任首相）	2014年12月—2017年11月	自由民主党
98	安倍晋三 （第四次担任首相）	2017年11月—2020年9月	自由民主党
99	菅义伟	2020年9月—2021年10月	自由民主党
100	岸田文雄	2021年11月—	自由民主党

在喧嚣的世界里，
坚持以匠人心态认认真真打磨每一本书，
坚持为读者提供
有用、有趣、有品位、有价值的阅读。
愿我们在阅读中相知相遇，在阅读中成长蜕变！

好读，只为优质阅读。

你一定爱读的极简日本史

策划出品：好读文化　　　　　监　　制：姚常伟

责任编辑：牛炜征　　　　　　产品经理：刘　雷

封面设计：小　武　　　　　　内文制作：尚春苓

图书在版编目（CIP）数据

你一定爱读的极简日本史 / 孙秀玲著. —北京：北京联合出版公司，2022.7
ISBN 978-7-5596-6186-9

Ⅰ. ①你… Ⅱ. ①孙… Ⅲ. ①日本—历史—通俗读物 Ⅳ. ①K313.09

中国版本图书馆CIP数据核字（2022）第072025号

你一定爱读的极简日本史

作　　者：孙秀玲
出　品　人：赵红仕
责任编辑：牛炜征

北京联合出版公司出版
（北京市西城区德外大街83号楼9层　100088）
北京联合天畅文化传播公司发行
北京美图印务有限公司印刷　新华书店经销
字数200千字　880毫米×1230毫米　1/32　10印张
2022年7月第1版　2022年7月第1次印刷
ISBN 978-7-5596-6186-9
定价：48.00元

版权所有，侵权必究
未经许可，不得以任何方式复制或抄袭本书部分或全部内容
本书若有质量问题，请与本公司图书销售中心联系调换。
电话：010-65868687　010-64258472-800